La cartomancia y el simbolismo celta

Una guía esencial sobre la adivinación con cartas y los antiguos símbolos paganos

© Copyright 2025

Todos los derechos reservados. Ninguna parte de este libro puede ser reproducida de ninguna forma sin el permiso escrito del autor. Los revisores pueden citar breves pasajes en las reseñas.

Descargo de responsabilidad: Ninguna parte de esta publicación puede ser reproducida o transmitida de ninguna forma o por ningún medio, mecánico o electrónico, incluyendo fotocopias o grabaciones, o por ningún sistema de almacenamiento y recuperación de información, o transmitida por correo electrónico sin permiso escrito del editor.

Si bien se ha hecho todo lo posible por verificar la información proporcionada en esta publicación, ni el autor ni el editor asumen responsabilidad alguna por los errores, omisiones o interpretaciones contrarias al tema aquí tratado.

Este libro es solo para fines de entretenimiento. Las opiniones expresadas son únicamente las del autor y no deben tomarse como instrucciones u órdenes de expertos. El lector es responsable de sus propias acciones.

La adhesión a todas las leyes y regulaciones aplicables, incluyendo las leyes internacionales, federales, estatales y locales que rigen la concesión de licencias profesionales, las prácticas comerciales, la publicidad y todos los demás aspectos de la realización de negocios en los EE. UU., Canadá, Reino Unido o cualquier otra jurisdicción es responsabilidad exclusiva del comprador o del lector.

Ni el autor ni el editor asumen responsabilidad alguna en nombre del comprador o lector de estos materiales. Cualquier desaire percibido de cualquier individuo u organización es puramente involuntario.

Su regalo gratuito

¡Gracias por descargar este libro! Si desea aprender más acerca de varios temas de espiritualidad, entonces únase a la comunidad de Mari Silva y obtenga el MP3 de meditación guiada para despertar su tercer ojo. Este MP3 de meditación guiada está diseñado para abrir y fortalecer el tercer ojo para que pueda experimentar un estado superior de conciencia.

https://livetolearn.lpages.co/mari-silva-third-eye-meditation-mp3-spanish/

¡O escanee el código QR!

Tabla de contenidos

PRIMERA PARTE: CARTOMANCIA 1
   INTRODUCCIÓN 3
   CAPÍTULO 1: EL ARTE DE LA CARTOMANCIA 4
   CAPÍTULO 2: ELEGIR UN MAZO 14
   CAPÍTULO 3: SIMBOLISMO Y SIGNIFICADOS 23
   CAPÍTULO 4: PLIEGOS Y DISEÑOS 36
   CAPÍTULO 5: COMBINACIONES Y CARTAS INVERTIDAS 47
   CAPÍTULO 6: REALIZACIÓN DE UNA LECTURA 58
   CAPÍTULO 7: EJEMPLOS DE LECTURAS 68
   CAPÍTULO 8: LECTURAS INTUITIVAS... 75
   CAPÍTULO 9: CARTOMANCIA AVANZADA 84
   CAPÍTULO 10: DIFERENTES ENFOQUES DE LA CARTOMANCIA................. 91
   CONCLUSIÓN 98

SEGUNDA PARTE: SIMBOLISMO CELTA 99
   INTRODUCCIÓN 101
   CAPÍTULO 1: LOS ANTIGUOS CELTAS.. 103
   CAPÍTULO 2: CREENCIAS Y SIMBOLISMO CELTA 114
   CAPÍTULO 3: DE LA 'A' LA 'Z' DE LOS SÍMBOLOS CELTAS.................... 124
   CAPÍTULO 4: EL CALENDARIO DEL ÁRBOL CELTA.................................. 145
   CAPÍTULO 5: EL ALFABETO OGHAM... 163
   CAPÍTULO 6: LA RUEDA DEL AÑO.. 180
   CAPÍTULO 7: EL ÁRBOL DE LA VIDA 193

CAPÍTULO 8: LOS ANIMALES COMO SÍMBOLOS CELTAS....................203

CAPÍTULO 9: ADIVINACIÓN CELTA...212

BONUS: MEDITACIONES EN LOS ÁRBOLES 223

CONCLUSIÓN..232

VEA MÁS LIBROS ESCRITOS POR MARI SILVA...234

SU REGALO GRATUITO 235

REFERENCIAS 236

FUENTES DE IMÁGENES..245

Primera Parte: Cartomancia

Descubriendo los secretos de la adivinación usando naipes

Introducción

Durante mucho tiempo, muchos han recurrido a las cartas para adivinar los secretos de la vida. Hay una buena razón por la que las personas han confiado en las cartas para obtener las respuestas que buscan y para recibir orientación en la vida, y es porque, cuando sabes cómo trabajar con estas cartas, las respuestas que recibes pueden tener un profundo impacto en tu vida.

En este libro, descubrirás todo lo que necesitas saber sobre la cartomancia y cómo convertirte en un profesional. A diferencia de otros libros en el mercado, este libro está escrito en un castellano fácil de entender. Te ofrece instrucciones prácticas sobre cómo perfeccionar este oficio. No te vas a quedar confundido sobre qué hacer en ningún momento. Esto se debe a que el libro ha sido escrito para garantizar que, tanto si eres un principiante como un experto en cartomancia, sabrás exactamente qué hacer en cada momento.

Aprenderás todo sobre este oficio, desde su rica historia hasta los significados de las cartas con las que trabajarás para aclarar tu vida. Si bien este libro no promete enseñarte cómo predecir el futuro a la perfección, te ayudará a aprender cómo puedes sentir las energías de las cartas y usarlas para asegurarte de que siempre tomes las decisiones correctas en tu vida que te llevarán a los resultados positivos que buscas, ya sea en tus finanzas, amar la vida, la salud o cualquier otro asunto.

Si estás absolutamente listo para comenzar a comprender la vida que has vivido, y si estás preparado para llevar tu vida al siguiente nivel eligiendo el curso de acción correcto para obtener las cosas que deseas, entonces dirígete al capítulo uno.

Capítulo 1: El arte de la cartomancia

Las cartas del tarot se utilizaban como una forma de adivinación [1]

Érase una vez en Europa...

La primera vez que existieron los naipes fue en Europa en la década de 1360, particularmente en Alemania Oriental e Italia Central. En 1371, estas cartas estaban en España, donde se conocían como *naipes*, que los españoles siguen llamando a estas cartas hasta el día de hoy. Por aquel entonces, Fernando de la Torre diseñó una forma especial de las cartas. Según él, estas cartas permitían predecir su fortuna. Le dijo a la gente que podían averiguar quién los anhelaba más, quién era el más admirado y deseado, y muchas otras cosas. Los españoles se referían a adivinar el futuro como *echar la fortuna*. Este es el registro más antiguo de este término que se usa en relación con el juego de cartas.

No está claro cómo la gente usaba las cartas para predecir su fortuna. Al menos no hubo explicaciones claras hasta más de 150 años después. Sin embargo, antes de eso, las cartas se clasificarían con los dados y otros métodos de adivinación como *sortilegio*, una palabra para brujería, a menudo utilizada explícitamente para describir la adivinación. Giovanni Francesco Pico Della Mirandola, un italiano, escribió apasionadamente contra el arte de la adivinación en 1506. En sus escritos, incluyó imágenes que formaban parte de juegos de cartas, calificándolas de abominables. 48 años más tarde, Martín de Azpilcueta, un sacerdote español, declararía oficialmente todas las cartas (también conocidas como cartas) como malas y el proceso de adivinación usando estas cartas como pecaminoso y sujeto a condenación. Además, Juan Pérez de Montalván creía que adivinar a través de las cartas era brujería.

Desafortunadamente, ninguno de estos hombres hacía una descripción clara de cómo se usaban las cartas para predecir fortunas. Por esta razón, no está claro si estaban hablando de cartomancia o condenando algo completamente diferente. En el siglo XVI, ciertos libros se dedicaban a la adivinación, que se podían usar para entender las cartas y otras cosas como dados y ruletas. Estos libros tenían imágenes en las cartas, que no jugaban un papel importante en la adivinación y no podían clasificarse como cartomancia.

Un popular y sencillo libro de la fortuna de cartas impreso en 1505 es el Mainzer Kartenlosbuch. Este libro conecta cada una de las 48 cartas de la baraja alemana con una fortuna escrita en ocho líneas. Curiosamente, estas fortunas eran simplemente adaptaciones de algún otro libro de fortuna anterior que no se basaba en cartas. La forma en que la gente consultaba este libro era primero sacar una carta y luego mirar el libro para averiguar su fortuna. Alternativamente, adjuntaban una ruleta al libro, que se dividía en 48 partes diferentes, cada una con el nombre de la carta. Muchos de estos libros europeos de finales del siglo XV y del siglo XVI fueron producidos y escritos en varios idiomas.

Simultáneamente, el primer registro de adivinación por tarot sería durante ese siglo. Teófilo Folengo, también conocido como Merlín Coccai, dejó constancia de esta adivinación en su interesante alegoría, Caos del Triperuno, que escribió en 1527. Los participantes en la lectura habían explicado el significado de las cartas que habían recibido a un personaje llamado Limerno. Querían que les escribiera sonetos basados en las cartas que habían sacado. Limerno les complacía. Esta era una obra de ficción, pero está claro que Teófilo tenía algunas ideas sobre cómo se podían usar las cartas para averiguar lo que la vida podría deparar, y este es el objetivo final de la cartomancia. Este es un momento tan bueno como cualquier otro para especificar que la cartomancia no debe tratarse como una forma de adivinar tu fortuna o predecir al pie de la letra cómo funcionarán las cosas para ti en un día en particular o con respecto a una situación específica. En su lugar, piensa en las lecturas más como una guía y no como la ley definitiva sobre lo que te sucederá.

Otro registro sobre cartomancia es de 1538, gracias a Juan Luis Vives, quien explicó por escrito que se podía considerar la imagen de una carta como un signo de su futuro. Escribió una escena que mostraba a dos personas jugando a las cartas que aludía a esta idea. Por supuesto, el concepto de adivinación se tocó casualmente en esta escena, pero eso implica que esto debe haber sido algo común que ocurría en ese entonces. En aquellos tiempos, mirar las cartas para enterarse de lo que vendría no era novedoso.

Las primeras lecturas registradas

Las lecturas reales de las cartas comenzarían a aparecer a principios de 1600. De estos tiempos, existen los primeros registros de cómo adivinar el futuro con cartas, y una de las primeras explicaciones del proceso fue escrita por sir John Melton. Escribió *Astrologaster*, o *The Figure Caster*, en 1620. Continuó hablando de cómo Henry Cuffee encontró su fin por ser traidor en 1601 y que algún mago ya había predicho su muerte 20 años antes usando cartas. El mago le había pedido al desafortunado Henry que eligiera tres cartas de una baraja con todos los bribones. Luego colocó las cartas una tras otra sobre la mesa, boca abajo. Después de esto, se le pidió que eligiera una, luego otra, y mirara la cara de cada carta. El registro indica que cuando Henry miró las cartas, no estaba viendo a Knaves. Su propia cara le devolvió la mirada desde la primera carta, la segunda carta mostraba a su juez, y la última tenía la escena en la que sería ejecutado en Tyburn.

En 1942, Sebastián Cirac Estopañán documentó la Inquisición española, y su obra contiene información sobre cómo las mujeres del siglo XVI practicaban la lectura de cartas. Aun así, estas no eran descripciones detalladas, lamentablemente. Cuando Margarita de Borja fue juzgada por brujería en Madrid entre 1615 y 1617, confesó que ayudaba a sus clientes leyéndoles naipes. De la forma en que lo describía, recitaba un conjuro a Santa Marta mientras barajaba las cartas primero, luego colocaba las cartas sobre la mesa en cinco filas de cuatro cartas cada una, todas boca arriba. Era una buena señal si las cartas aparecían en pares (por ejemplo, una Sota con una Sota o una Reina con una Reina). Si no lo hacían, era un mal presagio.

Otra persona que fue juzgada por brujería entre 1631 y 1632 en Toledo fue María Castellanos. Su proceso también implicaba un encantamiento mientras barajaba las cartas y colocaba doce cartas sobre la mesa. Su objetivo era ver si la Jota y el Caballo de Tréboles terminaban uno al lado del otro. Juzgada en 1633, lady Antonia Mejía de Acosta dijo que sacaba el 9 de tréboles de una baraja de 40 cartas y luego barajaba las otras 39 mientras rezaba. Cuando terminaba, colocaba nueve cartas. Si había más copas y monedas que tréboles y espadas, era un buen augurio, pero era una lástima que las cartas no aparecieran de esa manera.

Habría otro juicio por brujería que duró de 1648 a 1649. La infortunada víctima de este juicio fue la señora María de Acevedo. Trabajando con 41 cartas, podía averiguar qué hacía su pareja cada vez que iba al palacio. Podía saber qué pensamientos ocupaban su mente, y no solo eso, sino que también podía usar las cartas para influir en él para que volviera a ella después de cualquier discusión que tuvieran. De hecho, compartió la historia de una mujer que estaba casada con un aguador que luchaba por llegar a fin de mes. La mujer necesitaba saber si su marido se había enamorado de otra persona. Durante la lectura, el rey de copas y la sota de monedas apareciendo juntos sería un buen augurio, ya que el primero representaba al marido mientras que la segunda era la esposa. Estas cartas juntas significaban que todo estaba bien en el frente del amor. La mujer barajó la baraja de cartas y las colocó una tras otra en cinco filas, todas boca arriba. Lamentablemente, ella aprendió lo peor de esta lectura.

Barajaría las cartas tres veces más, pero el caballero de copas y la jota de monedas nunca aparecieron como pareja. Revisa la Inquisición española y encontrarás muchas lecturas de este tipo registradas hasta el siglo XIX.

Con el tiempo, las brujas trabajaban con las cartas barajándolas mientras rezaban o decían encantamientos, colocando 13 cartas sobre la mesa en un círculo y una en el medio. La lectura se basaría en las cualidades mágicas de las cinco primeras cartas robadas. Aun así, no hay más información sobre lo que sucedería. En 1960, Dorman Newman de Inglaterra creó una baraja de cartas destinada a ser utilizada para la adivinación. Su diseño tenía la fortuna escrita en las propias cartas. Finalmente sería publicado una vez más, en 1711, por John Lenthall. Estas cartas terminarían teniendo varias iteraciones.

A veces, lo que parecía ser un simple juego de cartas era en realidad adivinación. El popular juego solitario, por ejemplo, se considera inicialmente una forma de cartomancia. El solitario se llama *reéssite* en Francia (una palabra que significa "éxito"), y muchas personas quieren saber si alcanzarán el éxito usando las cartas.

El solitario no era la única versión de la adivinación, ya que podía haber más de un "jugador" en una lectura de cartas. Por ejemplo, en Whartoniana, Misceláneas, en verso y prosa, publicado en 1727, un capítulo habla de un curioso juego conocido como Piquet. No era un juego cualquiera, ya que implicaba adivinación sobre asuntos del corazón. El autor escribió sobre su experiencia con un personaje llamado Theresius. Eligió visitar a este personaje porque sentía curiosidad por su destino. Entonces, Theresius leyó la palma de su mano, echó suertes basadas en la astrología y luego le pidió al autor que regresara al día siguiente. El autor accedió, pero se confundió cuando Theresius le pidió que interpretara a Piquet. Él lo aceptó y, finalmente, Theresius jugó la reina de corazones, lo que le hizo ganar el juego. Cuando esto sucedió, Theresius le reveló al autor que si tenía la intención de enamorarse, era importante que fuera tras una mujer que fuera más adecuada para él porque, como él dijo, "porque si alguna vez atacas a la divina Palas, infaliblemente te tambalearás".

En 1730, la cartomancia se practicaría con cartas regulares. La primera representación de esto fue en la obra inglesa Jack the Gyant-Killer. El autor habló sobre el uso de una baraja de 52 cartas. Primero, el lector tendría que elegir la carta después de barajar el mazo, y luego se asignaron cuatro reyes a esta carta. Luego había que cortar la baraja. Después de esto, el paquete se colocaba en al menos tres filas y había que encontrar la carta. Una vez que se detectaba la carta, el lector interpretaba las cartas circundantes. Según esta jugada, las picas eran el único palo que significaba mala suerte.

Unos 20 años más tarde, un documento describiría otro método de lectura de las cartas del Tarot en Bolonia. Este método consistía en 35 cartas divididas en grupos de siete. El manuscrito explica lo que significaba cada una de las cartas. Aun así, no hay una narrativa directa en torno a las agrupaciones, por lo que no está claro si este era un método comúnmente utilizado para la cartomancia en Bolonia en el siglo XVIII. Eventualmente, los lectores de cartas en esta región optarían por trabajar con 45 cartas de 62 cartas, pero nunca usarían las mismas cartas en todos los pliegos.

Más tarde, en la década de 1750, la cartomancia volvería a ser registrada, esta vez por Oliver Goldsmith en su libro *The Vicar of Wakefield*. Escribió que la cartomancia era algo que debía considerarse admirable cuando una mujer tenía la habilidad, una que consideraba tan valiosa como la lectura, la escritura, la música y la costura, entre otras cosas. En esta época, también había una descripción de la cartomancia en Rusia escrita por Giacomo Casanova. Tenía una amante llamada Zaïre, que solo tenía trece años. Pensó que estaba actuando de manera sospechosa y la criticó por hacer referencia constantemente a las cartas, que afirmó que consultaba diez veces al día. Afirmó que se habría quedado con ella si no fuera por sus "celos desesperados" y su "confianza ciega" en las cartas. Al parecer, esta joven había descubierto cómo contar lo que había estado haciendo cada vez que salía toda la noche. Con el tiempo, arrojaría sus cartas al fuego.

El primer registro de cartomancia en Francia llegó en el siglo XVIII en forma de un registro policial fechado el 17 de marzo de 1759. Dos mujeres fueron encarceladas durante ocho días porque, según los informes, habían estafado a otras personas con su dinero fingiendo ayudarlas a encontrar lo que habían perdido usando adivinación por cartas. Luego, en 1972, en Marsella, Anne Cauvin también sería condenada. Soportó estar "expuesta con grilletes" durante tres días, con la cabeza en un gorro cubierto de cartas del tarot. También le pusieron un colador en el cuello, y tuvo que permanecer así durante una hora cada vez antes de que el verdugo interviniera para romper el colador y romper las cartas. Por lo tanto, en esta época, es evidente que la cartomancia era popular, pero generalmente se hacía en secreto.

De la oscuridad, a la luz

Jean-Baptiste Alliette, nacido en 1738 y fallecido en 1791, era conocido como Etteilla, con su apellido invertido. En un libro que Etteilla escribió el año de su muerte, habló sobre la cartomancia, a la que llamó "cartonomancia". Afirmó que nadie sabía de la práctica en Francia hasta que tres ancianos ofrecieron sus servicios en 1751, 1752 y 1753. Según Etteilla, los clientes de estos extraños tenían que sacar sus cartas una tras otra, y todos los presagios se interpretaban de acuerdo con los palos. Dibujar corazones significaba felicidad, diamantes significaba país, tréboles significaba dinero y picas implicaba tristeza.

Etteilla afirmó que fue él quien elevó la práctica de la cartomancia al eliminar la selección de cartas una tras otra y, en su lugar, realizar lecturas basadas en toda la baraja dispuesta sobre la mesa. Obviamente, por lo que ahora sabes de la historia de la cartomancia, se puede decir que Etteilla se estaba apropiando de un crédito que no era suyo. Sin embargo, puedes estar de acuerdo en que fue el primero en publicar una metodología de cartomancia impresa en 1770, que no estaba unida a un paquete como la baraja de cartas Newman-Lenthall. Su publicación resultaría muy popular, y fue él quien le dio a cada punto una interpretación en lugar de simplemente trabajar con una o dos cartas basadas en el significado del palo.

En la primera publicación de Eteilla, compartió un método de trabajo con 32 cartas usando una baraja de piqué francés con cada punto excepto los del 2 al 6. También agregaría otra carta como el significante genérico, al que llamó epónimamente "la Etteilla". Le dio a cada carta su significado y palabra clave. Compartió información valiosa sobre varios diseños, como cuadrados (el favorito de Zaïre) o abanicos. También se refirió brevemente al trabajo con las cartas del Tarot para la adivinación. Sin embargo, nunca dio una descripción detallada del proceso.

En 1772, Antoine Court de Gébelin trabajó con otro autor que permaneció en el anonimato para publicar algunos ensayos sobre el tarot y su significado esotérico. El autor anónimo fue responsable de elaborar un método de cartomancia que funcionaría con el tarot, lo que llevó a Etteilla a centrarse en el tarot en sí y promocionar sus beneficios. Lo haría más complicado agregando algo de astrología junto con su diseño personalizado del tarot. Después de esto, publicaría obras criticando los enfoques de otros sobre el tarot, y con su notoriedad, atrajo a un grupo de devotos comprometidos a aprender de él entre 1783 y 1791. Gracias al evidente narcisismo de Eteilla y a los ensayos de De Gébelin, Europa acabaría por tomar conciencia del tarot y otros asuntos esotéricos relacionados y de la cartomancia. Los devotos de Etteilla se propusieron difundir sus ideas a lo largo y ancho y, con ellas, su baraja de tarot personalizada.

Marie-Ann Adélaïde Lenormand se convirtió en la cartomante más famosa durante la Revolución Francesa. Nacida en 1772, era conocida como Mademoiselle Lenormand, y mantuvo ese título hasta su muerte en 1843, ya que nunca se casó. Lenormand desarrolló su reputación, al igual que Etteilla, a través de la autopromoción. Cuando era adolescente, se dio cuenta de que era clarividente. Lenormand usó ese don para hacer fortuna durante la Revolución. Se hizo aún más famosa cuando la emperatriz Josefina se acercó a ella para obtener sus servicios, y desde allí, otros miembros de la alta sociedad se acercaron a ella. Su clientela incluía a los círculos sociales más influyentes y poderosos de la época. Escribía que había trabajado para la *crème de la crème*. Sin embargo, hoy en día, se sabe que fue lectora de cartas para Josefina y Napoleón y autora de las populares cartas de oráculo Le Petit Lenormand y Le Grand Lenormand. Incluso ahora, estas cartas se utilizan en Francia y en lugares francófonos. Aun así, lo más probable es que ella realmente no haya tenido nada que ver con las cartas, y los fabricantes simplemente están ganando dinero con su nombre, ya que ella se ha ido hace mucho tiempo.

Cartomancia en los tiempos modernos

En el siglo XIX, la cartomancia con el tarot se volvería más popular, mucho más que trabajar con naipes normales, cartas de Etteilla y cartas de Lenormand. Los ingleses consideraban el tarot como un asunto oculto. Arthur Edward Waite, un místico inglés, tenía dificultades para encontrar cartas reales del tarot, por lo que ideó su paquete para adivinar el futuro, trabajando con Pamela Colman Smith, quien se encargó de la obra de arte. A Smith se le ocurrieron algunos diseños hermosos, y gracias a esto y al hecho de que todos los puntos tenían ilustraciones, el tarot se convertiría en la opción popular para la cartomancia, especialmente en el mundo anglófono.

En Francia, la gente usa 22 cartas del tarot de Marsella o naipes estándar. En 1900, había una baraja de tarot más moderna, que tenía ilustraciones de género de doble punta. Además, los puntos eran sus habituales corazones, picas, diamantes y tréboles. Oswald Wirth, un ocultista, rediseñó e imprimió el Tarot de Marsella en 1889. En 1927, publicó una versión revisada que incluía texto y que muchos cartomancistas adoptarían. Paul Marteau dirigiría a Grimaud, una empresa de fabricación de cartas, para revivir el Tarot de Marsella en 1930. Después de esto, Marteau publicó una guía de la nueva baraja en 1949 titulada *Le Tarot de Marseille*. La cartomancia se practica en muchos estilos diferentes, y sigue evolucionando. Todas las formas de cartomancia surgen de los intereses ocultistas ingleses o franceses de finales del siglo XIX, excepto la tarotmancia, por supuesto.

Diferencias entre la lectura del tarot y la cartomancia

La lectura del tarot y la cartomancia consisten en leer las cartas para averiguar qué podría traer el futuro, pero hay mucho más involucrado. El tarot es bien reconocido, y las barajas tienden a ser grandes con cartas interesantes en lugar de las que encontrarías en las barajas de cartas comunes. Además, las barajas de cartas del tarot tienen varitas, oros, copas y espadas *como palos.* También encontrarás caballos y jotas comunes, que no están en tu mazo común y corriente.

La cartomancia es la lectura de cartas con cartas normales. Las reinas representan las energías femeninas, mientras que los reyes representan las energías masculinas. Los jacks son jóvenes y no tienen un género específico. La cartomancia puede ofrecer cierta precisión a la hora de predecir cuándo es probable que ocurra algo. Mientras que la baraja del tarot tiene 78 cartas, las lecturas de cartomancia suelen funcionar con una baraja estándar de 52 cartas. Además, puedes esperar que los significados que obtienes de la cartomancia sean más precisos que el tarot. Si quieres entender los posibles resultados de tu situación, utiliza el tarot. Pero para obtener respuestas específicas, lo mejor es la cartomancia.

Una cosa más...

Este es un excelente momento para recordarte que, ya sea que se trate de la cartomancia o de la lectura del tarot, debes entender que esta práctica no se trata de precisión para ver el futuro o hacer predicciones, así que no bases decisiones importantes de la vida solo en las cartas. En su lugar, trabaja con ellos como poderosas herramientas de orientación, crecimiento y autodescubrimiento. Cuando haces una lectura o te sientas en una, debes entender que todo lo que estás obteniendo es un posible resultado o camino fuertemente influenciado por tus emociones y elecciones presentes. Esto significa que las lecturas no están escritas en piedra, y eso es probablemente un alivio, ya que significa que siempre puedes hacer algo con respecto a las lecturas negativas.

Ahora que conoces los ricos orígenes de las cartas como herramientas adivinatorias, ¿cómo eliges el mazo adecuado antes de empezar? ¿Cuántas barajas hay? ¿Cuál es relevante? Aprenderás todo esto y más en el siguiente capítulo.

Capítulo 2: Elegir un mazo

Mazos tradicionales frente a mazos modificados y especializados

Si alguna vez has jugado al póquer o a algún otro juego de cartas, es posible que no te hayas dado cuenta de que estabas jugando con la versión original del tarot. Esta baraja tiene 52 cartas de cuatro palos: picas, corazones, diamantes y tréboles. Cada palo tiene cartas numeradas del 2 al 9, la carta del as y las cartas con figuras, el rey, la reina y la jota. Se dice que estos palos están conectados con los elementos clásicos:

- Tierra (clubes)
- Aire (diamantes)
- Fuego (corazones)
- Agua (picas)

Hoy en día hay varios diseños de barajas de naipes tradicionales. Una de las barajas tradicionales más comunes es la francesa. Los tréboles o tréboles se conocen como *trèfles,* los diamantes se llaman *carreaux,* los corazones se conocen como *cœurs* y las picas (o picas) se llaman *piques.* La carta de la reina es la dama, el rey es el roi, y la sota es el valet. También hay otra carta conocida como el caballero entre la reina y la jota. Las cartas del palo francés son comunes porque sus patrones simples facilitan su producción en masa. También vale la pena señalar que los franceses conectan sus cartas con figuras específicas. Si te interesa, mira las correlaciones a continuación:

Palos: tréboles, diamantes, corazones, picas

Reyes: Alejandro, César, Carlos, David

Reinas: Argine, Raquel, Judith, Palas

Jacks: Lancelot, Héctor, La Hire, Hogier

Luego están las cartas belga-genovesas, la segunda baraja tradicional de cartas más común en todo el mundo. Estas cartas no tienen los nombres que los franceses asignan a las figuras. Estas cartas se hicieron comunes en el Imperio otomano cuando el gobierno permitió el juego de cartas. Eventualmente, las cartas se encontrarían en el Medio Oriente, el norte de África y los Balcanes.

Los mazos modificados son casi como los mazos tradicionales, pero se han cambiado de alguna manera para que sean más fáciles de usar para la cartomancia. Por ejemplo, algunos mazos pueden tener cartas adicionales, o la ilustración puede modificarse para dar cuerpo a las lecturas para obtener más detalles. Las cartas especializadas, sin embargo, son específicamente para cartomancia, con un arte bello y exquisito que ofrece más significado gracias al simbolismo de cada elemento del dibujo en la carta. También puedes esperar que estos mazos tengan cartas adicionales y diferentes palos.

Mazo de 'Bicycle' estándar

El as de picas en una baraja de cartas de Bicycle tiene una marca especial [2]

Los naipes de *Bicycle* son fabricados por la United States Printing Company, con las primeras barajas impresas en 1885. La baraja se llama "*Bicycle*" debido al diseño de la parte posterior de la primera edición, que mostraba monedas de un centavo. Si te estás preguntando qué son los "*penny-farthings*", son un tipo de bicicleta temprana con ruedas altas en la parte delantera y ruedas pequeñas en la parte trasera. También se les conocía como ruedas altas ordinarias.

Pero, volvamos al asunto de la baraja de *Bicycle*. Tiene 52 cartas, rojas y negras, pertenecientes a cualquiera de los cuatro palos clásicos. Los números van del 2 al 10 y terminan con la carta jota. El as de picas tiene la marca *Bicycle*. Por lo general, esta baraja tiene rangos de manos de póquer, 2 comodines y una carta informativa. En su mayor parte, las cartas *Bicycle* personalizadas tienen 2 cartas adicionales junto con los comodines, que los magos usan para trucos o publicidad.

Baraja de bruja gitana

La baraja de la bruja gitana'

Los naipes de adivinación de la bruja gitana se publicaron por primera vez en 1904 y todavía se utilizan hoy en día. Son más antiguos que la baraja común de Rider-Waite, que se publicaría por primera vez 5 años después. Esta baraja es fascinante porque está inspirada en la mismísima Madame Lenormand. Si haces los deberes, encontrarás muchos mazos elaborados de acuerdo con las ideas de Lenormand, utilizando imágenes mnemotécnicas en las cartas. Por alguna razón, estas imágenes y sus interpretaciones no se alinean con las interpretaciones generalmente aceptadas de los palos o sus números. Estas cartas también se conocen como cartas de oráculo y son una copia de las barajas que salieron después de la muerte de Lenormand.

Este mazo consta de las mismas cartas que encontrarías en un mazo estándar, excepto que cada carta tiene una imagen e interpretación. Las imágenes recuerdan a la época victoriana, con el estilo de ilustración de la época haciendo que las cartas sean aún más interesantes que otras barajas. Dado que las cartas ya están interpretadas y los significados están en ellas para que las leas, puedes suponer que sería fácil trabajar con ellas, ya que no tienes que memorizar las interpretaciones, pero ese no es el caso. Por lo general, en cartomancia, los palos tienen significados específicos.

Por ejemplo, los corazones tratan sobre asuntos del amor y otras emociones. Los diamantes tienen que ver con el dinero y las finanzas, y así sucesivamente. Sin embargo, con la baraja de la bruja gitana, no puedes encontrar ninguna correlación entre los puntos y números y las imágenes o interpretaciones. Por ejemplo, el 10 de diamantes tiene una imagen de una guadaña y un fardo de heno, y la interpretación dice: "La guadaña presagia la decepción y cuando está cerca del ataúd, la muerte prematura". Encontrar la correlación entre esa interpretación y la idea de diamantes es bastante confuso.

Baraja Lenormand

La baraja de Lenormand es como el tarot en el sentido de que se usa en cartomancia, pero eso es todo en términos de similitudes. El Lenormand es mucho más práctico porque no se trata de las impresiones que obtienes al mirar cada carta y se trata más de lo que sucede en tu vida diaria. En otras palabras, esta baraja es excelente cuando quieres conocer los asuntos prácticos. Donde el tarot trata sobre el *por qué*, Lenormand es sobre el *cómo;* Este mazo tiene 36 cartas, y es la mejor opción si prefieres tener claridad en tus lecturas, especialmente cuando robas las cartas en parejas en lugar de individuales. Cuando trabajas con esto junto con las interpretaciones

Las cartas Lenormand son más prácticas en cartomancia '

del tarot, te será difícil encontrar una mejor manera de encontrar claridad en la cartomancia.

Fin de Siècle Kipper

La nueva iteración de las cartas Kipper representa eventos importantes de la vida.⁵

Estas cartas son comunes en Alemania y, al igual que las Lenormand, han estado en uso desde mediados del siglo XIX. Una nueva iteración de esta baraja Kipper es la de Ciro Marchetti, que es elegante en su presentación. Esta baraja tiene 36 cartas que representan eventos y situaciones esenciales de la vida con las que la mayoría de la gente se siente identificada, como estar enfermo, hacer un viaje, trabajar, casarse, etc. Esta baraja es directa y fácil de interpretar, por lo que incluso si eres nuevo en la cartomancia, no deberías tener problemas para averiguar qué significan las cartas. Por ejemplo, tienes la carta de altos honores, que muestra al Rey otorgando honores a un hombre arrodillado ante él. O está la carta de matrimonio, con un hombre y una mujer vestidos con palos de boda.

Para leer las cartas de Kipper, puedes robar cartas individuales. Por lo general, se leen en línea recta y se roba un número impar de cartas (normalmente cinco o siete). También es importante tener en cuenta la ubicación de las cartas y qué tan cerca están unas de otras en la línea, ya que estos factores afectan la lectura. También hay que prestar atención a la dirección. Digamos, por ejemplo, que robas la carta de regalo y está antes de la carta principal del hombre. Eso podría significar que el hombre recibirá un regalo. Sin embargo, si la carta de regalo viene después de la carta principal masculina, podría significar que el propio hombre le está ofreciendo el regalo a otra persona. Lees las barajas de oráculo y Tarot usando la intuición e interpretas las cartas de Lenormand metafóricamente. Sin embargo, las cartas de Kipper deben interpretarse literalmente.

Estos son solo algunos de los mazos que puedes usar para la adivinación. Sin embargo, nunca debes olvidar que puedes elegir cualquier otro diseño o baraja que desees. Todo se reduce a tus objetivos, preferencias e intereses personales. Ya sea que prefieras cartas más pequeñas o más grandes, más o menos cartas en tus mazos, o más o menos flexibilidad en la interpretación de tus cartas, debes elegir lo que resuene contigo.

Elegir tu mazo

A la hora de elegir tu mazo, debes decidirte por uno con el que estés contento. Esto significa trabajar con tu intuición en lugar de elegir el primer o único mazo disponible que veas. Aquí hay algunos consejos útiles para guiarlo.

En primer lugar, tienes que pensar en lo que prefieres. Cada persona es diferente en cuanto al tipo de simbolismo e imágenes con las que resuenan. Considera si prefieres tener algo más tradicional o clásico, como la baraja Rider-Waite, por ejemplo, o algo más moderno. Además de los diseños, considera lo que quieres lograr con la baraja. ¿Quieres el tipo de interpretación que te da interpretaciones directas? ¿O preferirías algo que tenga un significado en capas? Estas son preguntas que debes hacerte a la hora de hacer tu elección.

A continuación, tienes que hacer tu tarea. Como ya sabes, los diferentes mazos tienen diferentes características. Debes pensar en lo que funciona mejor para ti, pero no solo eso, también debes buscar las opiniones de los demás. Por ejemplo, echa un vistazo a los foros e hilos sobre cartomancia en Reddit, o mira las diversas reseñas de cada tipo de mazo. Además, busca primero las imágenes de las cartas de la baraja para saber si estarías contento trabajando con ellas. Si todavía no sabes cuál elegir, investigar la historia de las barajas también puede ayudarte a descubrir qué funciona para ti.

Ahora, tienes que entrevistar a las cartas. ¿Te rascas la cabeza con esto? Es comprensible, pero no debería ser extraño. Si las cartas pueden decirte algo sobre qué esperar en la vida, ¡no hay razón para que no puedan decirte si trabajarás bien con ellas o no! Por lo tanto, debes entrevistar a la baraja antes de decidirte por ella. Esto significa que debes hacerle preguntas y luego sacar algunas cartas para responderlas. Durante esta entrevista, tu trabajo consiste en observar cómo la baraja te ofrece respuestas porque, aunque no lo creas, cada baraja tiene una personalidad única. Al igual que ciertas personalidades se mezclan bien mientras que otras chocan, uno u otro escenario puede ocurrir contigo y tus cartas.

¿Cómo se entrevistan las cartas? ¿Hacer que rellenen un cuestionario o algo así? Lo que tienes que hacer es barajar las cartas. Al mismo tiempo, estableces tu intención firmemente en tu mente; para familiarizarse con la personalidad de la baraja. Cuando hayas terminado de barajar, es hora de tus preguntas. Estas son algunas de las cosas que podrías preguntar:

- ¿Cuál es tu energía habitual?
- ¿Qué es lo bueno de ti?
- ¿Qué piensas hacer durante las lecturas?
- ¿Qué tienes que enseñarme, si es que tienes algo?
- ¿Cuál es la mejor manera de trabajar juntos?

Con cada pregunta que hagas, debes sacar una carta. No tengas prisa por interpretar lo que significa cada carta. Tómate tu tiempo y deja que la respuesta burbujee dentro de ti desde tu intuición. De esta manera, tendrás una comprensión precisa de la energía de las cartas y sabrás si ese es el mazo con el que quieres trabajar. Esta es solo una de las formas en que puede seleccionar o conectarse con un mazo. Hay otras formas. Por ejemplo, podrías:

1. **Pasar un rato con la baraja.** Cuanto más estudies cada carta y su simbolismo, más familiar te resultará y mejor podrás saber si funciona para ti. Baraja las cartas, manipúlalas y toca cada una; Su energía debe conectarse con la tuya.

2. **Meditar con la baraja de cartas en tus manos.** Al meditar, estableces una conexión con las cartas a un nivel profundo. Si lo deseas, puedes acercar las cartas al centro de energía de tu corazón o chakra para sentir su energía aún mejor mientras meditas. Además, la inteligencia del corazón te dirá inmediatamente si estas cartas son para ti.

3. **Colocar las cartas debajo de tu almohada** cuando te vayas a la cama por la noche para tener una idea de su energía. Puedes hacer esto durante varias noches y prestar especial atención a tus sueños y a cómo te sientes cuando te despiertas. Cuando duermes, tu mente consciente se desconecta. Tu subconsciente puede captar energías sutiles que te pierdes en este momento, llevando esa información a ti en tus sueños o haciendo que burbujee a tu mente consciente cuando te despiertas por la mañana. Dormir es una excelente manera de elegir tu mazo.
4. **Robar tus cartas todos los días.** Al hacer esto, te conectas con la energía de la baraja y puedes observar qué tan bien las respuestas de las cartas coinciden con tus experiencias diarias.

Manejo de tu mazo

Debes ser consciente de cómo manejas tu mazo, no solo porque debes guardarlos con cuidado, sino también porque debes mantener las energías puras durante la lectura. Así que, en primer lugar, debes limpiar la baraja de las energías de las lecturas anteriores y de las energías residuales de cualquier otra persona que pueda haber tenido las cartas. Estas son algunas formas en las que puedes despejar el mazo:

1. Baraja las cartas. Cuanto más minuciosamente los mezcles, mejor será el proceso de limpieza de energía.
2. Golpea las cartas con los nudillos. Hacer esto liberará cualquier energía vieja y rancia que permanezca en la cubierta.
3. Difumina las cartas. Esto significa quemar hierbas como la salvia o el palo santo y pasar las cartas por el humo para eliminar las energías negativas y rancias.
4. Por último, puedes utilizar la visualización. Imagina una poderosa luz dorada que emana de las palmas de tus manos y rodea la cubierta, quemando cualquier energía que no pertenezca allí.

Mantenimiento y protección de sus cartas

Ten en cuenta lo siguiente y tendrás cartas atractivas durante mucho tiempo:

1. Debes tratar tus cartas con cuidado para no dañarlas. Por lo general, el papel en el que están impresos es delicado, por lo que no puedes permitirte ser descuidado con ellos. Nunca arrugues las cartas ni las dobles porque eso no solo no se verá bien, sino que dificultará barajarlas.

2. Haz todo lo posible por lavarte y secarte las manos antes de manipular las cartas. Si el aceite, la suciedad u otras cosas entran en contacto con sus cartas, no se ve bien. Inevitablemente, tus cartas se mancharán a pesar de tus mejores intenciones. En este caso, retira la mancha con una toallita suave y delicada.

3. Guarda las cartas en el lugar que les corresponde cuando hayas terminado. Guárdalas en una bolsa o caja cuando no estés trabajando con ellas. Además, no dejes que sufran los efectos de la humedad o las temperaturas extremas.

4. Por último, respeta tus cartas. Son herramientas que te permiten comunicarte con la divinidad, por lo que debes tratarlas con reverencia. Esto tiene el beneficio adicional de brindarle resultados más efectivos cuando trabaja con ellos. Sé siempre consciente e intencional en tu trato con las cartas, y descubrirás que trabajan contigo, no en tu contra, todo el tiempo.

Ahora que has aprendido sobre varios mazos y cómo cuidarlos, ¿cuáles son los significados más profundos de las cartas? ¿Cómo puedes saber con certeza lo que te están diciendo? Descubre esto y más en el siguiente capítulo.

Capítulo 3: Simbolismo y significados

Independientemente del mazo con el que trabajes o de la carta que estés viendo, hay mucho simbolismo en torno a la cartomancia. Este simbolismo ha perdurado durante siglos. En este capítulo, descubrirás los significados tradicionales de cada carta, palo y número. Descubrirás los significados esotéricos inherentes a cada baraja. A medida que leas, recuerda que la interpretación y el significado de cada carta pueden cambiar según el contexto y el lector.

Los cuatro palos

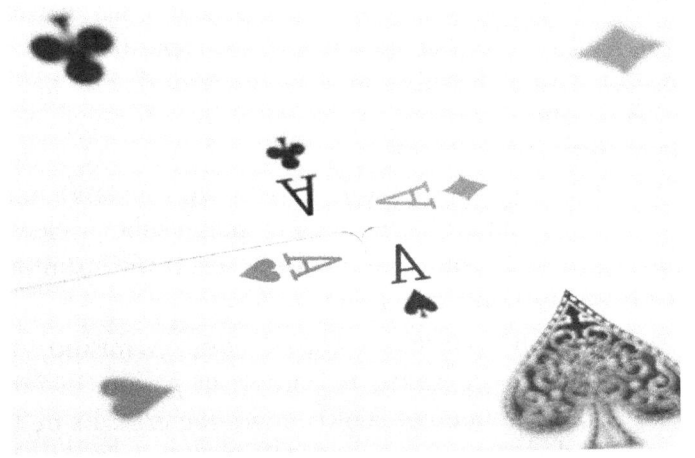

Los cuatro palos representan las cuatro estaciones del año[6]

Los cuatro palos representan las cuatro estaciones de un año. Los corazones representan la primavera, que es cuando experimentas un nuevo crecimiento. Los diamantes representan la abundancia y la prosperidad del verano, y los tréboles recuerdan al otoño, cuando cosechas lo que has sembrado. Las picas son invierno, una época en la que todo hiberna y va hacia dentro.

Estos palos también están conectados con los cuatro elementos clásicos. Los corazones están conectados a las emociones acuosas y a los profundos pozos de intuición dentro de ti. Los diamantes son de la tierra, preñados de recursos y ricos en tesoros. Los clubes están conectados a las llamas de la creatividad y la pasión que arden en todos y cada uno, aunque no sean más que brasas en algunos y en otros un infierno furioso. En cuanto a las picas, son cartas aireadas que tienen que ver con el intelecto, la destreza mental y la comunicación.

Los corazones

El palo de corazones también se conoce como el palo de copas en el tarot. Es uno de los cuatro palos principales que encontrarás en la cartomancia, y tiene que ver con asuntos del corazón, los sueños, las relaciones, las emociones, la intuición y el subconsciente o inconsciente. Se trata de las cosas que burbujean bajo la superficie de las profundidades. Se cree que el mundo físico no es el único, y comparte una conexión con reinos invisibles, reinos que considerarías espirituales o metafísicos. Los arquetipos y símbolos en el palo de Corazones están conectados a esos reinos, poseyendo una profunda visión de lo que significa estar vivo y evolucionar espiritualmente.

El palo de corazones es el que te dice todo sobre las relaciones en tu vida y cómo te influyen. Te habla de tu camino espiritual y de cómo te va con tu autoexploración y descubrimiento. Las cartas de este palo revelarán todo sobre tus desafíos y victorias, y las cosas que has experimentado o experimentarás que te cambiarán para bien o para mal a medida que descubras tu auténtico yo espiritual. Este palo representa los mensajes de tu ser intuitivo y la sabiduría que brota de la mente subconsciente. Se trata de entrar en contacto con mundos invisibles, seguir tus instintos, sentir tu instinto en cada tema y confiar en lo que te dice.

Los corazones están conectados con el corazón mismo, que, como todo el mundo sabe, es el centro del amor, la pasión, el odio y otras emociones. El corazón está en el centro de lo que eres. Es de tu corazón que nacen tus verdaderos deseos y donde sostienes tu verdadero yo, desprovisto de cualquiera de las decoraciones, máscaras y disfraces del ego. Por lo tanto, el palo corazón es una invitación a tu mundo emocional, pidiéndote que te sumerjas profundamente y recibas los valiosos tesoros de la sabiduría de tu corazón. Aquí hay un vistazo rápido a lo que implica cada carta de este palo.

As de corazones: Espera un nuevo comienzo en las relaciones y amistades. Puede ser un nuevo amante, un matrimonio o algo bueno que te suceda. Representa el potencial de desarrollar poderosos lazos emocionales con los demás.

2 de corazones: Esta carta representa la conexión de dos personas a medida que se convierten en una sola en el amor. También te pide que pases algún tiempo con tus seres queridos. Esta carta lleva la energía del equilibrio, la conexión, la armonía y la asociación, representando las ideas de cooperación emocional y compatibilidad. Te pide que demuestres más comprensión a medida que te relacionas con los demás, lo que significa estar abierto a la vulnerabilidad y la reconciliación.

3 de corazones: Cuando robas esta carta, indica que no estás muy comprometido con una relación, o al menos, te sientes indeciso al respecto. Sin embargo, algunos interpretan esto de manera más positiva. Como dicen, representa una experiencia abundante y gozosa de amor en todos los sentidos posibles.

4 de corazones: La estabilidad emocional y la seguridad son las energías que emana esta carta. Te dice que estás en una pareja o matrimonio comprometido. Cuando se trata de asuntos domésticos, implica que estás en un entorno seguro y enriquecedor. El 4 de corazones también se trata de aprender a establecer límites y aterrizar tus emociones para seguir disfrutando del amor que te hace sentir seguro.

5 de corazones: Robar esta carta representa enormes cambios que afectarán tu vida familiar y hogareña. Estos cambios pueden ser buenos o malos. Tal vez alguien se divorcia o se muda a un nuevo lugar. De cualquier manera, el *statu quo* se verá alterado. El 5 de corazones es la carta del desamor, que representa el dolor, la pérdida, la liberación y la resiliencia cuando se trata de turbulencias emocionales.

6 de corazones: Espera interacciones armoniosas con los demás, que te lleven a lo que desees. Esta carta se trata de dar y recibir amor libremente y dejar que la bondad guíe el camino en tu trato con los demás. Su energía es indulgente y desinteresada.

7 de corazones: Esta carta puede representar a alguien que probablemente te decepcione. Alternativamente, representa ser introspectivo y buscar en tu corazón para descubrir tus verdaderos sentimientos sobre alguien o algo.

8 de corazones: Compromiso, desarrollo de vínculos más fuertes y cambios emocionales son los mensajes que lleva esta carta. Se trata de permanecer con alguien o algo a largo plazo, ser maduro al expresar tus emociones, elegir la lealtad por encima de cualquier otra cosa e invertir todo lo que puedas para desarrollar y mantener conexiones amorosas en tu vida. Robar esta carta significa que estarás en un evento que te dará la oportunidad de tu vida, romántica o financieramente.

9 de corazones: Esta carta te dice que alguien quiere llevar su relación contigo a mayores alturas. Tal vez les gustaría proponerle matrimonio o formar una familia contigo. Espera experimentar satisfacción en tus conexiones y aventuras amorosas.

10 de corazones: Espera buenas noticias. Te enterarás de esto en una fiesta o en algún lugar donde se reúna mucha gente. La carta también representa la unidad familiar y la realización emocional en ese contexto.

Sota de corazones: Esta carta representa a tu amigo o amante de mayor confianza. Cuando dibujas esto junto con la reina de corazones, podría representar una pareja. Por sí solo, es alguien creativo, sensible y lleno de compasión. Por lo general, representa a una persona joven. Esta carta también representa tus ideas de la intuición y el desarrollo emocional.

Reina de corazones: Esta carta representa tu fantasía. También podría sustituir a una amante femenina o a alguien embarazada. El matrimonio también puede estar en el horizonte. La energía de esta carta es nutritiva, profunda e intuitiva. Es la encarnación de la feminidad.

Rey de corazones: El rey de corazones representa la energía masculina y puede sustituir a una figura paterna. Es un hombre influyente que está en contacto con sus emociones y es dulce. Esta persona demuestra amor en el contexto del liderazgo, equilibrando su autoridad con sus emociones para que atempere la justicia con la bondad.

Los diamantes

A veces, el palo de diamantes se llama palo de monedas o pentáculos. Se refiere a los asuntos prácticos, el dinero, la riqueza material y el mundo físico. Los diamantes tratan sobre todo lo que posees, tu carrera y lo que haces para avanzar en la vida. Los diamantes representan todo lo relacionado con la manifestación y hacer realidad tus sueños. Te muestran todas las cosas prácticas que debes hacer para llegar a donde necesitas ir, cuánto esfuerzo se requerirá para lograr tus objetivos y si debes seguir recorriendo el camino en el que estás.

Los diamantes demuestran lo que necesitas hacer para ayudarte a entrar en el flujo de la prosperidad y la abundancia utilizando las habilidades prácticas que posees y los recursos a tu alrededor a los que puedes haber estado ciego por un tiempo. Se trata de tu negocio y vocación y orientación sobre qué hacer para obtener el estado financiero que deseas. Se trata de tomar tus sueños y hacerlos realidad a través de la acción.

Esotéricamente, el palo de diamantes también tiene que ver con tu salud. Se trata de lo bien que te sientes en tu cuerpo y de lo que puedes hacer para cuidarlo mejor. Las cartas de este palo pueden mostrarte la conexión entre tu vida espiritual y tu salud, por lo que conoces la importancia de alimentarte en ambos niveles para que puedas ser la mejor versión de ti mismo.

Finalmente, este palo trata de integrar tus vidas espirituales y físicas. Se trata de asegurarte de que las cosas que tienes en alta estima se alineen con lo que estás experimentando en el mundo observable y objetivo para sentir que tienes un propósito y un significado en tu vida. Estas cartas te piden que recuerdes que tu vida física debe ser una herramienta que te ayude a desarrollarte espiritualmente. Los diamantes están conectados al diamante mismo. Esta cosa dura y duradera representa fuerza, resistencia y resiliencia. Piensa en formar un diamante; Puedes trazar paralelismos entre ese proceso y tu vida. Para producir la piedra preciosa, tiene que haber cierto refinamiento, y esto es lo mismo con tu vida. Necesitas tomar las materias primas que se te han dado, tus talentos, habilidades e inclinaciones naturales, y hacer que trabajen para ti, y esto es lo que los diamantes generalmente te enseñan cuando los dibujas. Ahora, veamos qué significa cada carta en este palo.

As de diamantes: Robar esta carta significa que hay algo importante que aprenderás sobre tu negocio. Es una señal de que hay potencial para que hagas algo de ti mismo financieramente o que la abundancia está llegando a ti. El mensaje aquí es que debes prepararte para la prosperidad financiera y otras oportunidades de crecimiento en un sentido material, para que puedas experimentar estabilidad en ese aspecto de la vida.

2 de diamantes: Cuando veas esta carta, espera recibir buenas noticias sobre tus inversiones. El número dos representa la idea de la dualidad y el equilibrio, por lo que sacar esta carta significa que debes encontrar un equilibrio entre tus actividades materiales y el crecimiento espiritual. Implica que debe encontrar un equilibrio en la asignación y el uso de sus recursos.

3 de diamantes: La carta 3 de diamantes demuestra cierta incertidumbre con respecto a las finanzas. Si no tienes cuidado, puedes verte atrapado en problemas legales. Alternativamente, esta carta representa manifestar tu abundancia por fin, trabajar con tus habilidades prácticas y mejorar tu oficio. Esta carta te dice que tienes talentos que debes desarrollar y trabajar duro, ya que así es como obtendrás la prosperidad que buscas.

4 de diamantes: Robar esta carta significa que debes ser más responsable con tus finanzas para mantenerte estable. Se trata de acumular una inmensa riqueza tomando decisiones sensatas e inteligentes y trabajando duro en tus objetivos.

5 de Diamantes: Debes esperar algún tipo de cambio económico. Puede ser bueno o malo, pero sea lo que sea, definitivamente requiere preparación. Es posible que tengas que lidiar con reveses financieros o tener una ganancia inesperada repentina. La mejor manera de saber lo que podría ser es dentro del contexto de otras cartas. Robar esta carta implica que tienes que ser ingenioso y creativo para manejar la situación.

6 de Diamantes: Es hora de prestar atención a tus deudas. Haz todo lo posible por resolverlas. Además, mira tu presupuesto y ajústalo o crea uno si no lo tienes. También debe considerar la posibilidad de invertir para su futuro financiero. El 6 de diamantes también es una carta de generosidad, bendiciones, dar y recibir. Te dice que cuanto más das, más recibes.

7 de diamantes: Sé consciente de lo que haces con tu dinero, especialmente en lo que respecta a la inversión. Debes evaluar tus opciones cuidadosamente antes de tomar una decisión. Sé prudente con lo que haces con tus recursos. Piensa en tu situación financiera antes de tomar una decisión importante o invertir tu dinero en algo.

8 de diamantes: Robar esta carta es encantador porque una gran e inesperada ganancia está a la vuelta de la esquina. El número 8 es una reminiscencia del signo del infinito, y puedes esperar una buena cantidad de dinero que es lo suficientemente impactante como para sentir una abundancia infinita. No pierdas de vista el premio y mantente dedicado a tu objetivo, aunque parezca imposible.

9 de diamantes: Esta carta te dice que has alcanzado o estás cerca de alcanzar la plenitud en tus esfuerzos financieros. El número nueve representa las terminaciones y los finales; Por lo tanto, esta carta también podría representar la idea de terminar un viaje financiero en el que has estado, habiendo alcanzado finalmente la seguridad. Es la carta de la materialización de todo lo que siempre has querido lograr en relación con tus finanzas y negocios.

10 de diamantes: Te estás acercando al cenit de tus logros. Has trabajado duro y ahora disfrutarás de los frutos de tu trabajo. Serás recompensado en gran medida por elegir el mejor y más equilibrado camino hacia el éxito.

Sota de diamantes: Esta carta representa a alguien lleno de ambición. Esta persona práctica se aplica diligentemente a su trabajo, manteniendo sus objetivos profesionales a la vista. Esta persona puede ser hombre o mujer y está motivada para comenzar las cosas y tener éxito en el emprendimiento. También es joven (por lo general). Algunos, sin embargo, dicen que la sota de diamantes representa a alguien que te trae malas noticias financieras. Puedes saber cuál es el caso trabajando en el contexto de las otras cartas que has robado (o vas a robar) y la pregunta que se está respondiendo.

Reina de diamantes: Representa a una mujer o fuerza femenina con amor por las fiestas y los chismes. Puede pensar en esta carta como alguien que es abundante, práctico y tiene mucha sabiduría para compartir con usted cuando se trata de finanzas. La carta se trata de ser financieramente independiente y prudente con tu dinero para que lo crezcas aún más.

Rey de diamantes: Esta carta puede representar a un hombre de negocios (o una mujer de negocios con energía masculina) que ha encontrado un gran poder y éxito en sus asuntos. Esta persona está a cargo de la riqueza y es una tomadora de decisiones responsable. La carta representa tu poder para crear abundancia para ti mismo, dominar las finanzas y administrar tus recursos con gran sabiduría.

Los clubes

A veces, el palo de tréboles se conoce como el palo de bastón o bastos. Su energía es una representación del fuego de la creatividad y la inspiración. Este palo está conectado con tu crecimiento, pasión y ambición. Se trata de iniciar nuevos emprendimientos. Se trata de la chispa de inspiración que obtienes para comenzar algo nuevo. Cada vez que robas una carta del palo del trébol, representa dar a luz nuevas ideas y nutrir esas ideas para que florezcan en su plenitud.

El palo de club sirve para descubrirte a ti mismo y desarrollar tu conciencia espiritual hasta el punto en que puedas usarla para influir en tu vida física. Todas las cartas que robas de este palo ofrecen una guía que se alinea con tu inspiración. En otras palabras, toda la sabiduría que recibes de estas cartas está arraigada en los principios espirituales que gobiernan la vida.

Los clubes tienen que ver con tu pasión y determinación para tener éxito. Se trata de expresar tu vocación más elevada como líder y elegir la actitud de determinación cuando te embarcas en cualquier esfuerzo creativo. Los clubes llevan la energía de hacerse cargo de afirmar tu auténtico yo. A menudo, cuando las personas sacan esta carta, se les pide que expresen su fuerza interior cuando se enfrentan a los desafíos de la vida.

El palo de trébol también está conectado con la intuición. Se trata de despertar tus habilidades psíquicas latentes y usarlas siguiendo la sabiduría divina para traerte la visión espiritual y los cambios físicos que deseas. Los clubes te piden que confíes en la voz de tu interior porque es la voz de la verdad y la pasión transformadora. Por lo tanto, el palo de club tiene que ver con la alquimia, tomando la materia prima de la pasión dentro de ti y convirtiéndola en la manifestación que buscas. Ahora es el momento de examinar lo que representa cada carta del palo de los tréboles.

As de tréboles: Representa el deseo de saber todo lo que puedas. También puede representar una habilidad o talento único que solo tú posees. Esta carta es la esencia del fuego. Se trata de la energía creativa que utilizas para nuevas ideas. Robar esta carta significa que estás a punto de comenzar algo nuevo a lo largo de líneas creativas o espirituales que te apasionan.

2 de tréboles: Esta carta trata sobre la cooperación y la combinación de tus ideas con las de los demás. Ayuda a reconocer las fuerzas creativas dentro de ti y de otra persona y encontrar una manera de unirlas que funcione. Esta carta también es un recordatorio de que debes comunicarte de manera clara y sincera con los demás y hacer todo lo posible para no enredarte en confrontaciones para evitar meterte en una situación en la que te decepciones.

3 de tréboles: Cuando robas esta carta, representa una cantidad extrema de creatividad (lo cual es algo bueno) o el estrés al que debes someterte al crear algo. Los tres clubes también representan las ideas de expansión y crecimiento y la comprensión de que puedes crear mucho más de lo que creías posible. Cuando robas esta carta, te pide que mires hacia adentro y descubras tus habilidades y hagas todo lo posible para desarrollarlas. A medida que lo hagas, se te presentarán oportunidades, lo que te permitirá ampliar tus horizontes y lograr mucho más de lo que creías posible. Esta carta también te pide que seas entusiasta y optimista sobre las cosas nuevas que se te presenten y que estés dispuesto a probar cosas fuera de tu zona de confort.

4 de clubes: Encuentra una manera de arraigar tu energía creativa. En otras palabras, se supone que debes encontrar salidas prácticas para que esa energía convierta el potencial en algo real. El 4 de tréboles tiene que ver con los cimientos, la estabilidad y tener un marco sólido para tus ideas. Se trata de perseguir tus objetivos creativos a largo plazo. Robar esta carta también significa que debes hacer todo lo posible para cultivar un sentido estable de ti mismo y paz mental para experimentar algo increíble.

5 de clubes: Necesitas cambiar algo en tu vida. Es un buen momento para descubrir cosas nuevas. Es posible que te sorprendas gratamente al descubrir que tienes afinidad por un deporte o pasatiempo que nunca pensaste que te interesaría. Espera lidiar con conflictos y desafíos a medida que te expresas creativamente. Para superar estos desafíos, debes ser flexible y estar dispuesto a cambiar. Busca formas innovadoras de solucionar tus problemas. Ser resiliente y perseverante en todo te ayudará.

6 de tréboles: Esta es una carta de éxito y victoria en tus esfuerzos creativos. Serás o estás siendo reconocido por todo lo que has logrado en el campo de la creatividad. Es el resultado de todo el trabajo que has puesto para conseguir tus objetivos y de que todo el mundo reconozca finalmente tu destreza creativa. Esta carta afirma que eres una potencia creativa y debes apoyarte en tu intuición para obtener cosas mejores.

7 de clubes: Te sientes atascado, atrapado o confinado. Esto podría ser no solo en tu vida creativa, sino también en tu vida romántica. Necesitas tomarte un tiempo para ser introspectivo. Reflexiona sobre tu vida hasta ahora y explórate a ti mismo, así es como crecerás. Debes buscar orientación desde adentro y asegurarte de que cualquier proyecto creativo en el que estés involucrado se alinee con tus verdaderos valores.

8 de tréboles: La energía de esta carta es el progreso. Se trata del impulso que experimentas mientras trabajas para lograr tus objetivos creativos. Manifestarás las visiones que has tenido en tu mente a medida que eres impulsado hacia el éxito. Robar esta carta significa que debes concentrarte y mantenerte decidido mientras persigues tus sueños. Algunos lectores dicen que esta carta también es una señal de que estás luchando contra la confusión. Dicen que significa que debes tener cuidado porque puedes experimentar problemas importantes en relación con los demás si no resuelves tu problema.

9 de tréboles: 9, el número de finalización, implica que esta carta se trata de terminar una fase o proyecto. Por fin has conseguido los sueños que buscabas. La satisfacción que has buscado durante mucho tiempo es ahora tuya.

10 de tréboles: Esta carta dice que viajarás pronto. Tus viajes son esenciales para tus esfuerzos creativos. Por lo tanto, no caigas en la tentación de dejar pasar la oportunidad de ir a un lugar nuevo. Esta carta también representa la mezcla de lo que sabes y has experimentado para aplicarlo a tu trabajo creativo.

Jota de tréboles: La jota de tréboles es alguien en quien puedes confiar. Esta es una persona honesta que se esfuerza por decirte todo lo que debes saber. Esta persona puede ser un amigo cercano tuyo.

Reina de tréboles: La reina de tréboles es una mujer llena de carisma. Está en una posición de poder. Ella puede ayudarte con cualquier cosa que busques aprender o lograr.

Rey de tréboles: Representa a un hombre que nunca se compromete cuando se trata de su integridad. Este hombre es una excelente persona para tener a tu lado como amigo porque constantemente demuestra ser leal y generoso.

Las picas

El palo de picas también se conoce como palo de espadas. Este palo tiene que ver con los obstáculos y dificultades que debes enfrentar. Muy a menudo, el palo se considera negativo. Por lo general, se trata de tener que tomar decisiones muy difíciles en la vida sobre cosas importantes.

El palo de picas tiene que ver con la comunicación, el intercambio de ideas y el intelecto. Está conectado con la idea de ser racional y trabajar con el poder de tu mente. La espada a menudo se ve como un símbolo que representa el discernimiento en la toma de decisiones. Puedes usarlo para cortar a través de pensamientos confusos y nublados, para que puedas llegar al corazón y la verdad del asunto.

Las cartas de este palo están destinadas a ayudarte a descubrir la diferencia entre lo que es real y lo que solo parece ser real. Robar cartas de este palo te ayudará a tomar decisiones informadas basadas en hechos sólidos. Este palo también está relacionado con el poder en tu lengua, en el sentido de que puedes dar vida o matar, dependiendo de las palabras que elijas al interactuar con los demás. Las picas pueden ayudarte a descubrir cómo lidiar con temas delicados y expresarte para que entregues la verdad sin dañar gravemente a alguien.

Otra cosa sobre el palo de picas es que te ayudará a descubrir las creencias limitantes que te impiden alcanzar tus ideales más altos. Si sabes que puedes soportar la verdad sobre ti mismo, no rehuirás cualquier lectura con una pala. Comprenderás el poder que puedes usar para tu beneficio, ya que puede ayudarte a transmutar conflictos y desafíos en oportunidades para mejorar de todas las formas posibles. Ahora que entiendes de qué se trata el palo de picas, es hora de hablar de las cartas individuales de este palo.

As de picas: Te enfrentarás a cambios importantes en tu vida. Algo a lo que te has acostumbrado tendrá que terminar para dejar espacio a lo nuevo. Esta carta representa el hecho de que tu mente tiene un potencial e intelecto infinitos.

2 de picas: Te vas a encontrar con una situación difícil. Si se maneja incorrectamente, esto puede llevarlo a usted y a un ser querido a separarse. Debes considerar cuidadosamente tus elecciones ahora, considerando varios puntos de vista para tomar una decisión equilibrada.

3 de picas: Estarás triste debido a algo estresante. Es posible que recibas noticias terribles. También existe la posibilidad de que su seguridad laboral se vea amenazada. O bien, puede estar lidiando con el miedo y la indecisión con respecto a un determinado asunto. El tres de picas también trata sobre expandir tu mente a través del aprendizaje, descubrir las habilidades que tienes dentro de ti y seguir tus ideas para ver a dónde te llevan.

4 de picas: Debes esperar que tu salud o tu carrera se estabilicen pronto. Los tiempos difíciles con los que has estado lidiando o que están a punto de llegar a su fin. Esta carta es la energía de la estabilidad y la organización con respecto a tus actividades intelectuales. Te pide que seas disciplinado en tus asuntos.

5 de picas: Muy pronto, tendrás que alejarte de algo con lo que te has familiarizado. Es posible que dejes tu trabajo por uno nuevo o se traslade a una nueva casa. También es posible que estés lidiando con el final de tu relación romántica. El 5 de picas es una carta que encarna los conflictos con los que debes lidiar en tu mente cuando te enfrentas a la adversidad. La carta te dice que la tormenta es la oportunidad para que crezcas y te conviertas en algo más aprovechando tu resiliencia interior.

6 de picas: Espera que te sacudan en tu carrera o en tus finanzas. Esta carta también representa el camino que debes tomar desde tu actual estado de confusión hasta la claridad. Esta carta te llama a salir de tu pensamiento limitado hacia ideas más expansivas.

7 de picas: Pronto, es posible que tengas que lidiar con la pérdida de alguien importante debido a desacuerdos u otros problemas. Además, el 7 de picas te pide que mires dentro de ti mismo y cuestiones tus creencias para expandirte más allá de la jaula en la que te han atrapado. Esta es una carta de autoconciencia.

8 de picas: Es posible que tengas que luchar con desafíos en el trabajo. Estos desafíos te obligarán a llegar a un punto en el que debes tomar una decisión crítica sobre qué hacer a continuación. Esta es la carta de la fortaleza mental y la determinación. Te abrirás camino a través de este obstáculo de una forma u otra.

9 de picas: Puede experimentar una pérdida debido a la muerte. Esta carta también te pide que hagas lo que debas para liberarte de los patrones de pensamiento negativos para poner fin a la fase actual de dificultades de tu vida y pasar a algo más nuevo y mejor.

10 de picas: Lucharás con el dolor y la preocupación. Esto podría deberse a que estás luchando con problemas de salud o a las secuelas de las malas noticias. También es posible que te des cuenta de que el miedo te atenaza. Es importante entender que esto es temporal.

Jota de picas: Es extremadamente negativo. Si no tienes cuidado, te apuñalarán por la espalda. También te están impidiendo lograr lo que necesitas. Por lo tanto, es importante echar un vistazo crítico a las personas en tu vida para identificar a la persona tóxica y deshacerte de ella lo antes posible.

Reina de picas: Esta mujer es experta en manipular a los demás para conseguir lo que quiere. A menudo, los resultados de su manipulación no benefician a nadie más que a ella. Debes tener cuidado con este personaje porque es extremadamente cruel y está constantemente al acecho para mostrar su malevolencia hacia cualquiera que esté a su alcance.

Rey de picas: Este individuo es un hombre que tiene autoridad y tiene la costumbre de causar problemas dondequiera que esté. Debes tener cuidado con este personaje porque te causará problemas, especialmente en lo que respecta a tu relación.

Ahora que entiendes lo que implica cada carta, también puedes consultar con tu intuición para ver qué más captas durante la lectura de la carta. Recuerda que estas son solo pautas y que sus significados pueden cambiar drásticamente dependiendo del contexto en el que aparezcan las cartas. El siguiente capítulo revelará todo lo que necesita aprender sobre los pliegos y diseños que puedes usar en cartomancia.

Capítulo 4: Pliegos y diseños

En este capítulo, aprenderá que existen varios métodos de cartomancia. En última instancia, eres tú quien decide la técnica y el mazo de cartas específico que se utilizará. En este capítulo, conocerá los sistemas de reparto básicos más comunes y, más adelante, los más complejos.

Los sistemas de reparto básicos

Los siguientes sistemas de reparto son los más comunes y vale la pena analizarlos antes de sumergirse en las cosas más complejas.

El robo de una carta

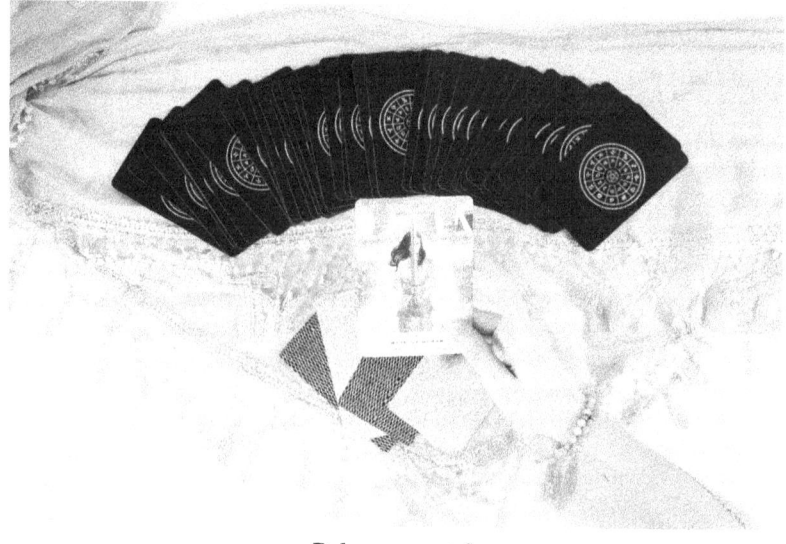

Robar una carta [7]

Este es uno de los sorteos más fáciles que puedes usar en tu práctica. Todo lo que tienes que hacer es sacar una carta del mazo para responder a una pregunta específica u obtener información sobre un problema en particular con el que estás lidiando. Lo bueno de este sorteo es que es apto para principiantes y puedes obtener información detallada con una sola carta.

Para realizar un robo de una carta, primero debes entrar en un estado meditativo aquietando tu mente. Luego, baraja las cartas sin perder de vista tu intención o pregunta. A medida que barajes, recibirás un empujón intuitivo cuando sea el momento de detenerte y elegir una carta del mazo.

Una vez que hayas sacado la carta, es hora de interpretar su significado. Esto significa que debes hacer una pausa para mirar los colores, las imágenes y los símbolos que pueda tener la carta. Debes entender que cada carta posee una historia única que busca ser interpretada a través de tu intuición. Por lo tanto, debes tomarte tu tiempo con esto y no tener prisa por decir algo. Si tienes problemas para entender lo que la carta está tratando de decirte, no tengas miedo de robar otra (aunque esta no sería la carta de robar cuando lo hagas).

Una de las principales ventajas de trabajar con este robo de una carta es que es lo suficientemente simple como para establecer una conexión profunda con las cartas que robas. Cuando te enfocas en una sola carta, te resulta más fácil aprender a trabajar con tu intuición e interpretar mejor el significado de cada carta presentada, dependiendo del contexto. El robo de una carta es la mejor opción cuando no tienes suficiente tiempo o tienes prisa.

Por muy bueno que sea este sorteo, debes darte cuenta de que no ofrece una perspectiva lo suficientemente amplia sobre tu pregunta o situación en comparación con los sistemas de repartición más complejos. Esto se debe a que se obtiene información de una sola carta en lugar de varias. Sin embargo, esto no significa que debas rechazar el método de robo de una carta, ya que aún puede darte las respuestas más profundas.

La tirada de tres cartas

La tirada de tres cartas

Como ya has deducido del nombre de la tirada, la tirada de tres cartas es aquella en la que sacas tres cartas del mazo y las colocas en un patrón específico para indicar ciertas cosas. Hay varias iteraciones de la tirada de tres cartas. Echemos un vistazo a cada uno de ellos.

Pasado - presente - futuro: Este es un método clásico para trabajar con una tirada de tres cartas que te permite conocer las circunstancias e influencias que rodean tu ubicación actual. La primera carta es tu pasado y te permite saber cómo llegaste a donde estás. La segunda carta representa tu presente y demuestra exactamente a qué te enfrentas con respecto a los desafíos y oportunidades. La última carta te muestra lo que podría deparar el futuro. Te permite ver posibles resultados si continúas tu camino.

Mente - cuerpo - espíritu: Esta tirada te mostrará lo que está sucediendo dentro de ti mismo en diferentes niveles. La primera carta que se roba representa tu mente. Está destinado a mostrarte los pensamientos que tienes conscientemente y debajo de la superficie, en qué crees y tus metas académicas. La segunda carta es representativa de tu cuerpo. Esta carta te muestra el estado de tu salud y bienestar y otra información importante sobre tu estado físico. La última carta extraída representa tu espíritu, dándote una idea del camino que recorres espiritualmente, cómo puedes crecer y cómo puedes confiar en tu intuición para convertirte en un ser evolucionado.

Problema — acción — resultado: Trabajando con esta técnica, la primera carta representa el obstáculo o problema con el que estás lidiando. Te muestra su verdadera fuente para que puedas abordarla en su núcleo. La siguiente carta es la acción que debes tomar para arreglar lo que esté roto. La última carta es el resultado o resultado que debe esperar si sigue la ruta de acción recomendada.

Lo mejor de la tirada de tres cartas es que también es sencilla para los principiantes. Mejor que el robo de una carta, este método te da una comprensión más completa de la pregunta. Trabajar con elementos como tu pasado, presente y futuro te da una perspectiva profunda y holística de tu situación actual. Esto implica que puedes tomar decisiones a partir de suficientes datos basados en la verdad, y te sentirás más cómodo y seguro al seguir tu camino.

A pesar de lo bueno que es una repartición de tres cartas, tiene algunas limitaciones. Por ejemplo, esta tirada de cartas puede no ser adecuada para profundizar en la naturaleza compleja e intrincada de ciertas circunstancias en las que es posible que necesites más información. Ofrece una instantánea de las cosas en lugar de entrar en la situación. Otro aspecto que debes tener en cuenta: el significado de cada carta puede sacarse de contexto si no consideras las tres cartas como una unidad. Por lo tanto, debes considerar cómo interactúa cada carta con las demás antes de ofrecer su lectura.

La extensión de la cruz celta

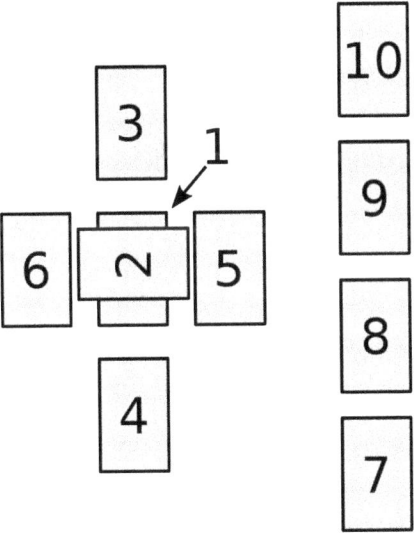

La cruz celta se extendió°

La tirada de la cruz celta es una tirada interesante con 10 cartas configuradas para formar una cruz y un bastón. La primera mención conocida de la cruz celta fue en 1910 por A. E. Waite en la introducción de *Una clave pictórica del Tarot*. Waite formaba parte de la orden hermética de la Golden Dawn, que a menudo utilizaba esta extensión específica. Hay varias formas de hacer la tirada de la cruz celta.

La cruz celta tradicional: Con esta tirada, se colocan 10 cartas en el patrón de la cruz. La primera carta representa el tema sobre el que desea claridad. Habla del tema principal de la pregunta que se plantea. La segunda carta representa las fuerzas que influyen en la situación a la que te enfrentas y los retos a los que debes enfrentarte. La tercera carta es tu mente subconsciente, y está destinada a ayudarte a aprender los factores subyacentes en esa situación y las motivaciones ocultas de todos los jugadores involucrados. La cuarta carta representa tu pasado muy reciente. Te dice todo lo que necesitas saber sobre lo que te llevó a donde estás.

La quinta carta representa un posible resultado futuro o las energías que entran en juego. La sexta carta es su futuro inmediato y ofrece información sobre qué esperar en los próximos días o semanas. La séptima carta te representa. Te muestra tu actitud hacia la circunstancia a la que te enfrentas y cómo la estás abordando. La octava carta es representativa de las fuerzas externas, como los acontecimientos y las personas, que tendrán un papel que desempeñar en el resultado final. La novena carta arroja luz sobre tus sueños, miedos y esperanzas. Te ayuda a entender lo que te está pasando emocionalmente. La carta final es la resolución o resultado final de la situación.

La cruz celta modificada: Esta versión difiere de la tradicional en que las cartas adicionales te ayudan a obtener más información sobre la situación. Comienza como la tirada tradicional, pero después de esas 10 cartas clásicas, puedes robar más cartas para colocarlas en ciertas posiciones para obtener más información o claridad sobre esos aspectos. Por ejemplo, es posible que desees más información sobre la quinta carta para comprender los posibles resultados del problema con el que estás lidiando y estar mejor preparado para manejarlos, de modo que puedas robar otra carta del mazo para aclarar esa quinta. Lo mejor de estas cartas adicionales es que hacen que su lectura sea más matizada y profunda, proporcionando una respuesta más satisfactoria sobre la que puede actuar con confianza.

Lo maravilloso de la cruz celta, ya sea la versión tradicional o modificada, es que puedes usarla no solo para mirar tu pasado, presente y futuro, sino para comprender todo lo que está sucediendo, a nivel consciente y subconsciente. Es una cartomancia flexible porque puede abordar todos los aspectos de tu vida, como el crecimiento personal, la vida amorosa, las finanzas, etc. Cuando colocas todas las cartas en una tirada de cruz celta, se te presenta la mezcla heterogénea de simbolismo que proporciona una interpretación mucho más rica, estratificada y detallada de los acontecimientos.

A pesar de lo grande que es esta tirada, tiene ciertos inconvenientes. Por un lado, puede ser demasiado compleja para algunas personas. Requiere una comprensión profunda de la interacción entre las cartas y cómo sus significados se afectan entre sí. Por lo tanto, como nuevo practicante de la cartomancia, debes comprender lo que significa cada carta y familiarizarse con cómo estos significados pueden influirse entre sí antes de comenzar a trabajar con esta tirada. Te encontrarás con retos a la hora de interpretar las cartas. Aun así, si eliges ser paciente, trabajar con tu intuición y seguir practicando, te darás cuenta de que te vuelves más experto en trabajar con la cruz celta.

El gran cuadro

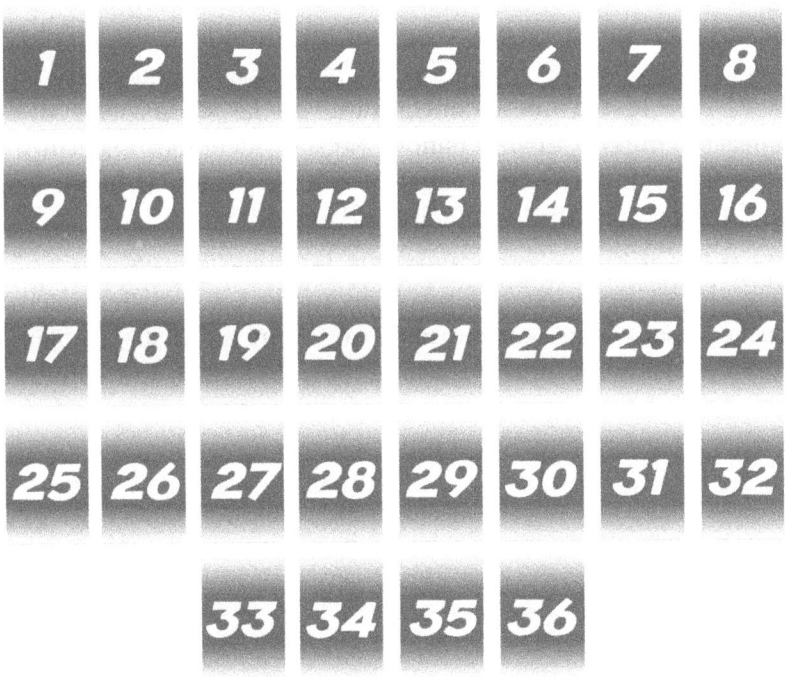

Grand Tableau Layout

Using all 36 cards in the deck, lay out the cards in the order shown above
4 rows of 8 cards
1 row of 4 cards

La extensión del gran cuadro

El gran cuadro es una tirada que requiere el mazo de Lenormand. *Grand Tableau* es francés, y significa "panorama general". Lo bueno de la extensión es que te dará una vista panorámica de todo en tu vida, desde el pasado hasta tu presente y futuro. Hay varias formas de usar la tirada de *Grand Tableau*.

El gran cuadro tradicional: En esta tirada, colocarás 36 cartas en un patrón particular para formar una cuadrícula. Cada carta tiene su posición que representa los diversos aspectos de tu vida o la pregunta que estás haciendo. Por lo general, el diseño tiene varias filas y columnas, y todas se cruzan para crear un nuevo significado. Las distintas posiciones pueden tener diferentes significados dependiendo del sistema de interpretación que se siga.

El gran cuadro de la pregunta enfocada: Esta variación de la tirada del gran cuadro se enfoca en un solo área de tu vida o en una pregunta. Trabajas con las 36 cartas. Sin embargo, la ventaja de esta versión del gran cuadro es que te permitirá concentrarte en las cartas específicamente conectadas a tu consulta. Cuando prestas atención específica a las intersecciones o puntos clave vinculados a tu pregunta, puedes obtener una sabiduría profunda sobre esa área de tu vida.

El *Grand Tableau* es otra tirada que le ofrece una visión profunda y completa de su situación. El nivel de matices y detalles que puedes alcanzar con esta extensión es asombroso y muy útil. Esta también es una excelente extensión para pronosticar su posible futuro. Por supuesto, esto no está exento de inconvenientes, ya que se trata de una tirada bastante compleja, y requiere mucho tiempo y concentración para interpretarla correctamente.

El árbol de la vida se extendió

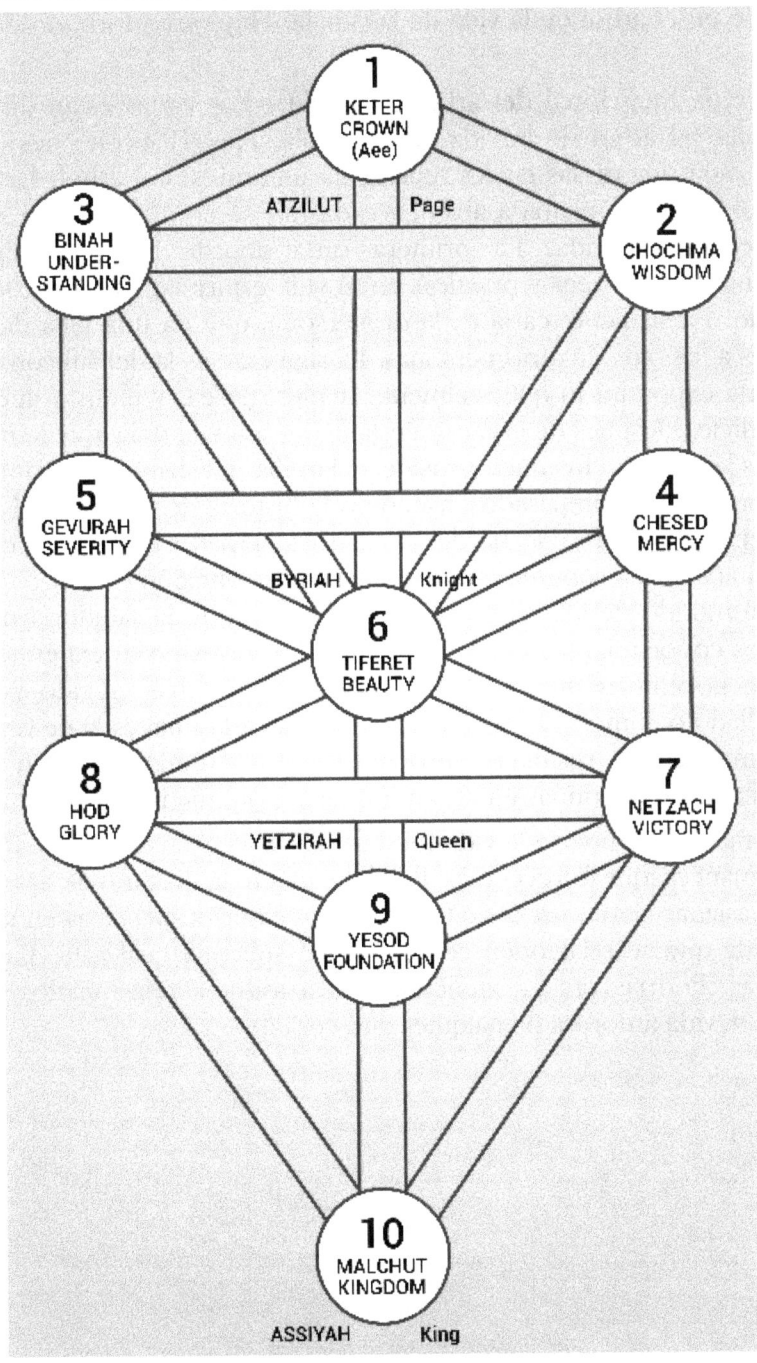

El árbol de la vida se extendió

Esta difusión tiene sus raíces en la antigua sabiduría cabalística. Está inspirado en el árbol de la vida de la cábala. Hay varias formas de usar la tirada.

La tirada tradicional del árbol de la vida: Las cartas están diseñadas para imitar el árbol de la vida en la cábala. Hay 10 posiciones en este diseño, cada una de las cuales representa una raíz en el árbol. Las cartas están colocadas de arriba a abajo, y cada raíz se conecta con un aspecto específico de la vida. La primera carta aborda la espiritualidad y representa lo que crees y practicas en tu vida espiritual y tu conexión con lo divino. La siguiente carta es la de persona, que da una idea de cómo apareces a los ojos de otras personas. La siguiente es la del subconsciente. Esta carta expondrá lo que realmente sientes, deseas y piensas debajo de la superficie. Después de esta carta está la de casa y familia, que le muestra cómo es la vida con los miembros de su familia. La siguiente demuestra tu conexión con tus antepasados, así como la historia de tu familia. La sexta carta representa cómo se ha desarrollado tu pasado y cómo afecta a tu realidad actual. La séptima carta demuestra tu conexión con otros reinos, como el mundo de los espíritus. La octava carta de la sabiduría muestra todos los conocimientos que has adquirido a través de tu experiencia de vida. La novena es una carta que muestra cómo has crecido y te has desarrollado o cómo lo harás en el futuro. La carta final es la de resultado que demuestra los resultados probables de la circunstancia con la que estás lidiando si continúas en el camino de acción que has elegido.

La tirada del árbol de la vida modificada: Esta tirada se ha modificado de tal manera que ofrece más flexibilidad en la lectura de las cartas. Puedes asignar ciertas áreas de tu vida a posiciones específicas en el árbol de la vida que se relacionen con el asunto sobre el cual estás haciendo preguntas. Podrías prestar atención solo a asuntos relacionados con tu carrera, tu vida amorosa o cualquier otra cosa.

La expansión romaní

La expansión romaní

Esta tirada requiere 21 cartas dispuestas en tres filas con siete cartas por fila. También se le conoce como la extensión gitana.

La tirada tradicional romaní: Cada fila representa un aspecto de tu existencia en esta tirada. La primera representa el pasado, la segunda representa la presente y la última representan el futuro. Las cartas se leen secuencialmente para obtener información sobre todas las influencias que afectan tu vida.

La crema romaní modificada: Esta es similar a la tradicional, excepto que puedes personalizarla según tus necesidades. Por ejemplo, puedes agregar o eliminar cartas. Puedse agregar filas adicionales si cumplen con su propósito o ajustar el diseño para que solo se concentre en aspectos específicos de la vida que no necesariamente se correlacionen con la configuración tradicional pasada, presente o futura.

Ahora que entiendes las distintas tiradas y diseños que puedes usar en la cartomancia, la pregunta es, ¿cómo interpretas con precisión las cartas combinadas? Además, ¿qué significa cuando una carta aparece invertida? Descubrirá las respuestas a estas preguntas en el siguiente capítulo.

Capítulo 5: Combinaciones y cartas invertidas

Al leer varias cartas, es importante comprender que siempre influirán en el significado general que obtenga de su lectura. Esto se debe a que las energías de las cartas interactúan entre sí de maneras únicas, que varían de un contexto a otro. En este capítulo, aprenderás a interpretar varias cartas que aparecen en un diseño o tirada y a comprender las cartas invertidas que definitivamente aparecerán.

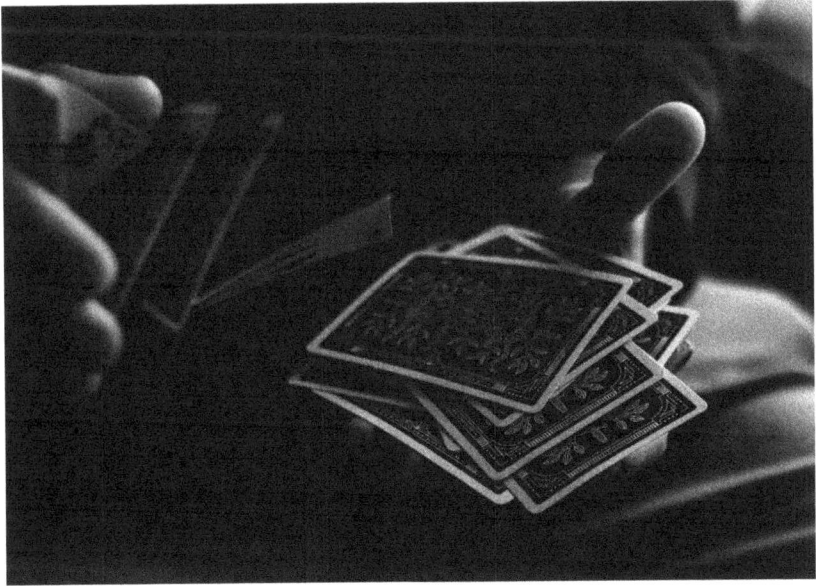

Se pueden encontrar patrones al leer varias cartas [10]

Búsqueda de patrones

Buscar patrones en las diversas combinaciones de cartas que robas puede agregar más dimensión y profundidad a tus lecturas. Es común buscar patrones en parejas, tríos o cuartetos, para que puedas descubrir las conexiones subyacentes y otros significados ocultos que no son fáciles de captar de inmediato.

Pares: El primer patrón a tener en cuenta se conoce como par. Esto es cuando tienes dos cartas con números o palos similares que aparecen una al lado de la otra. A continuación se presentan algunas interpretaciones de palabras clave de los diversos pares que puede encontrar. Aun así, ten en cuenta que también debes trabajar con tu intuición porque eso podría ofrecer algo más matizado en tus interpretaciones o incluso diferente de lo que has leído en este libro.

- **Pareja de ases:** Reconexión.
- **Pareja de reyes:** Consejos útiles.
- **Pareja de reinas**: Expresa curiosidad.
- **Par de jotas**: Tener discusiones.
- **Par de dieces:** Nueva suerte.
- **Par de nueves:** Próxima alegría y satisfacción.
- **Par de ochos:** Inestabilidad.
- **Par de sietes:** Amor compartido.
- **Par de seises:** Contrastes y diferencias.
- **Par de cincos:** Inseguridad.
- **Par de cuatros**: Pequeñas oportunidades.
- **Pareja de tres**: Tomar decisions.
- **Par de dos:** Separación.

Pareja de comodines: Cualquier cosa puede pasar con los **tríos:** Estos patrones aparecen de tres en tres. Las siguientes son las interpretaciones de cada trío:

- **Trío de ases**: Armonía y equilibrio.
- **Trío de reyes:** Excelente soporte.
- **Trío de reinas:** Chismes.

- **Trío de jacks:** Energía pendenciera.
- **Trío de diez**: Recompensa.
- **Trío de nueves:** Éxito.
- **Trío de ochos:** Carga aligerada.
- **Trío de sietes:** Logro y realización.
- **Trío de seises:** Dedicación y trabajo duro.
- **Trío de cincos**: Satisfacción.
- **Trío de cuatros**: Altas probabilidades de éxito.
- **Trío de tres:** Equilibrio y estabilidad.
- **Trío de dos:** Cambiar de carril.

Cuartetos: Hay cuatro palos, por lo que, naturalmente, puedes esperar que aparezcan cuartetos interesantes en las lecturas de vez en cuando. Aquí hay interpretaciones de palabras clave de cuartetos para guiarte:

- **Cuarteto de ases**: Victoria.
- **Cuarteto de reyes:** Éxito, reconocimiento y honor.
- **Cuarteto de reinas:** Sucesos escandalosos.
- **Cuarteto de jotas**: Peleando y batallando.
- **Cuarteto de diez:** Mejores cambios.
- **Cuarteto de nueves**: Ganancias e inesperadas buenas noticias.
- **Cuarteto de ochos:** Preocupación.
- **Cuarteto de sietes:** Igualdad.
- **Cuarteto de seises:** Dificultades repentinas y curvas.
- **Cuarteto de cincos:** Alegría y felicidad.
- **Cuarteto de cuatros:** 50-50 probabilidades.
- **Cuarteto de tres**: Optimismo y esperanza.
- **Cuarteto de dos:** Estar en una intersección, encrucijada y elecciones.

Teniendo en cuenta los números

A la hora de interpretar las cartas dibujadas, debes tener en cuenta el significado de los números, ya que añadirán más profundidad al significado que obtengas de ellas. Cada número tiene una energía y un significado únicos, lo que te brinda una mayor claridad cuando los entiendes. También puedes ver los números desde el contexto de la numerología, que es el estudio de la influencia de los números en todos y cada uno de los aspectos de la vida cotidiana. Algunos cartomantes asignarán a cada número dos significados, que son opuestos. El significado positivo se aplica cuando el número aparece en un palo rojo. La interpretación negativa se usa en su lugar si está en el palo negro. Dicho esto, aquí hay un vistazo a los significados de cada número cuando se trabaja con este sistema:

- 1 — Comienzo o final; comienzo o finalización.
- 2 — Trabajar juntos o trabajar unos contra otros.
- 3 — Aumento o reducción; expandirse o contraerse.
- 4 — Estabilidad o inestabilidad; equilibrio o desequilibrio.
- 5 — Acción o reposo.
- 6 — Comunicación o silencio; conocimiento o ignorancia.
- 7 — Mejora o regression.
- 8 — Salud o enfermedad; curación o deterioro de la salud.
- 9 — Sueños o decepciones.
- 10 — Victoria o derrota; éxito o fracaso.
- 11 (la Jota) — Pensar o hablar.
- 12 (la Reina) — Guía externa o sabiduría interna.
- 13 (el Rey) — Guiar o seguir.

Posiciones clave

Al observar la tirada, debes prestar atención a las posiciones de las cartas, particularmente las que están en las esquinas o en el centro. Estas cartas son como cimientos para tu lectura; Su significado te ofrecerá una visión profunda que dará forma a las respuestas que busca el lector. La carta del medio es como el corazón de tu lectura, demostrando la esencia principal de la pregunta. No puedes ignorar esta carta porque representa todo lo que sucede aquí y ahora, lo que extiende su influencia como tentáculos hacia el futuro. Al considerar las cartas en el medio, debes hacerte preguntas. Por ejemplo, ¿qué te muestra una carta en el medio sobre la situación actual en la que buscas claridad? ¿Cuál es la conexión de la carta del medio con el reto al que te enfrentas o el objetivo principal que quieres lograr? ¿Qué mensaje transmite esta carta con respecto a los aspectos más importantes de tu vida? Al mirar la carta en el medio, enfocarte en ella y permitir que tu intuición te hable sobre ella, desarrollarás una visión profunda de las fuerzas responsables de tu destino.

También debes tener en cuenta las cartas que aparecen en las esquinas. Por lo general, las cartas de esquina son muy importantes. Dentro de estas cartas, encontrarás las llaves de puertas ocultas en el subconsciente que ayudan a explicar exactamente por lo que está pasando el buscador y sus deseos más profundos.

También es importante que consideres la relación entre las cartas a medida que las lees. Aprenderás muchos secretos teniendo en cuenta lo cerca o lejos que están y las alineaciones que comparten. Por ejemplo, cuando tienes cartas que se enfrentan entre sí a lo largo de tu tirada, estas cartas pueden actuar como espejos entre sí, representando energías opuestas que buscan el equilibrio. Sin embargo, te das cuenta de que ciertas cartas parecen oponerse entre sí. En ese caso, debes preguntarte qué implica eso para tu consulta. A veces, las cartas formarán un puente entre otras cartas. Estas cartas son fáciles de elegir porque notarás el mismo palo o número creando este puente. Es importante prestar atención a estas cosas porque te mostrarán cómo varios elementos bailan entre sí para crear el espectáculo que es tu vida. Ofrecerán detalles mucho más minuciosos que simplemente considerar cartas individuales de forma independiente.

A medida que observas tu tirada, es posible que te des cuenta de que ciertas cartas parecen más prominentes que otras, lo que llama tu atención. Parece como si su energía te estuviera gritando literalmente para que prestes atención. Una de las formas de notar estas cartas es a través de su tamaño o qué tan cerca están del centro. También puedes darle importancia a las cartas en función de su conexión con la pregunta que estabas haciendo. Asegúrate de ponerte en contacto con tu intuición antes de hacer la lectura. Es posible que sientas el tirón energético y emocional de una carta. Es importante prestar atención a cualquier carta que llame la atención y permitir que dicte los temas principales de la lectura.

Asociaciones elementales

Otra forma de obtener significado de la carta es teniendo en cuenta los elementos primarios que poseen las cartas y los palos. Al considerar la interacción de los diversos elementos que aparecen, comprenderá la dinámica de las distintas cartas y cómo se afectan entre sí para brindarle una lectura precisa.

Como ya sabes, cada palo tiene su propio elemento. Puedes volver al capítulo 3 para refrescar tu memoria sobre cada palo. Cuando comprendas las energías elementales contenidas en su palo, puedes tomar esa información y usarla para averiguar lo que pueden implicar las diversas combinaciones de palos en tu lectura. Por ejemplo, cuando te das cuenta de que tienes diferentes palos que actúan alineados, lo que sugiere que los elementos se complementan entre sí. Por ejemplo, obtienes cartas de corazón y diamante en tu lectura. Los corazones son cartas emocionales, y los diamantes son cartas prácticas, y la fusión de estas dos podría indicar estabilidad financiera y consideración por sus sentimientos mientras obtiene libertad financiera.

También es posible tener un choque de energías entre las cartas. Por ejemplo, el trébol es una carta que sugiere fuego y ambición. Si robas esa carta junto con una pica, lo que sugiere ser introspectivo, podría ser una señal de que estás teniendo problemas para encontrar el punto óptimo entre actuar y pensar en algo. Esto significa que tienes que encontrar una manera de equilibrar estas cosas.

A veces, descubrirás que un palo parece dominar toda tu lectura. Esto te dice que la energía elemental es predominante en tu vida. Teniendo esto en cuenta, puedes descubrir pistas que te ayuden a comprender el trabajo y el tema de tu vida. Por ejemplo, descubrir que tu lectura está plagada de diamantes podría significar que estás muy enfocado en el lado material de la vida.

Otra cosa digna de mención que debes considerar es qué tan equilibrada o desequilibrada es la lectura con respecto a la energía elemental. Por ejemplo, cuando la lectura está bien equilibrada, tendrá suficiente representación de los cuatro palos, lo que te dice que tu vida está en armonía y que hay equilibrio en tu vida espiritual, material, emocional e intelectual. Sugiere que eres muy flexible cuando se trata de la forma en que abordas tu vida. Sin embargo, en la situación mencionada anteriormente en la que solo predomina un palo en tu lectura, indica que no has estado prestando atención a otros aspectos igualmente importantes de tu vida. Por ejemplo, en el ejemplo anterior, es posible que hayas estado sacrificando tu salud, tu vida amorosa y otras cosas en el altar de tus aspiraciones financieras.

Revocaciones

A veces, cuando estás leyendo, te encontrarás con cartas invertidas. Estas cartas no deben ser ignoradas porque son extremadamente poderosas, mostrándote partes de tu psique que pueden haber estado ocultas o los aspectos de tu vida que has descuidado. Estas cartas aparecen como una interrupción del flujo de energía. Se invierten porque llaman tu atención, actuando como una llamada de atención para finalmente enfrentar los obstáculos y desafíos a los que te has negado porque meter la cabeza en la arena te hacía sentir más cómodo. Las cartas inversas requieren que te sientas *cómodo con la incomodidad*. Eso es lo que se necesita para superar tus obstáculos, crecer y aprender de ellos.

Las inversiones traen energías contrastantes. Estas energías están destinadas a hacer que la lectura sea aún más precisa. Cuando las cartas están en posición vertical, esto te dice que la energía fluye libremente y que continúas avanzando, generando impulso como lo haces en cualquier esfuerzo que te interese. Sin embargo, una carta invertida aparece como un desafío para oponerse al *statu quo*. Piensa en ello como la representación de los retrasos, los contratiempos con los que lidias y los conflictos a los que te enfrentas en tu interior, que nadie más conoce. Por lo tanto, debes mirar de cerca las cartas invertidas cuando aparecen porque tienen mucha sabiduría sobre la que puedes actuar para llevar tu vida a donde necesitas ir.

Las cartas invertidas te mostrarán los obstáculos con los que has estado lidiando, incluso si no has estado dispuesto a mirarlos porque has tenido miedo. Es importante que cuando todo está en tu contra, elijas ser implacable en tus búsquedas. Debes permanecer resiliente para descubrir la fuerza que no sabías que poseías. Este es el regalo que te ofrecen las cartas invertidas en una lectura.

Otra gran ventaja de estas cartas es que pueden demostrar las partes ocultas y subconscientes de tu vida. Todo el mundo tiene una sombra. No importa lo que hagas para mantener una disposición alegre o lo duro que trabajes para lucir siempre agradable. Todo el mundo tiene un aspecto de sí mismo que preferiría que permaneciera oculto en la oscuridad. Sin embargo, las cartas invertidas te obligan a sondear las profundidades de tu mente inconsciente y finalmente enfrentarte a tus demonios. Cuando tus demonios hayan sido revelados, la buena noticia es que te volverás mucho más consciente de quién eres y de lo que eres capaz, y serás capaz de transmutar la oscuridad en luz.

La carta invertida te obliga a encontrarte cara a cara con la verdad. En otras palabras, actúa como un destructor de ilusiones. Destruirá las mentiras que te has estado diciendo a ti mismo durante mucho tiempo. También expondrá las verdaderas intenciones de otras personas hacia ti, dependiendo de si ese es el enfoque de tu lectura.

Interpretación de cartas invertidas

Aquí hay algunos consejos para interpretar las cartas invertidas en el contexto de otras cartas:

1. Presta atención a las energías opuestas en forma de contrapartes verticales de las cartas invertidas. Por ejemplo, digamos que has notado un rey de diamantes erguido y el as de corazones invertido uno al lado del otro. Esto podría demostrar que estás encontrando muchos conflictos entre tus actividades financieras y tu satisfacción emocional.
2. Ten en cuenta los retrasos y obstáculos a los que te enfrentas y cualquier área de la vida sobre la que preguntes a las cartas. Debes considerar las cartas que rodean a la carta invertida porque esas cartas indican aspectos de tu vida que se verán afectados por las energías de la carta invertida. Por ejemplo, sacar un 7 de corazones y un 5 de picas invertido indica fuertemente que debes lidiar con muchos más contratiempos para lograr tus objetivos.

3. Presta atención a cualquier problema persistente que aún no se haya resuelto. A veces, las cartas invertidas se refieren a asuntos pendientes. Para determinar si este es el caso, considera los patrones entre las cartas invertidas y las otras en el margen. Digamos que tienes un 10 de tréboles invertido y la reina de diamantes invertida. Esto podría sugerir que estás luchando en tu carrera y tus finanzas y debes prestarles atención, o las cosas empeorarán.
4. También debes considerar que las cartas invertidas representan energías ocultas dentro de ti. Señalan los diversos miedos, emociones ocultas y aspectos de ti mismo que te has negado a reconocer que son reales. Para entender la interacción oculta de las diversas energías dentro de ti, debes mirar las cartas que rodean a la carta invertida. Un as de tréboles erguido junto a un 9 de corazones invertido puede significar que has seguido reprimiendo tus necesidades emocionales o que debes mirar todo lo relacionado con tu creatividad y pasión.

Cuando una carta invertida niega una vertical

Es importante identificar cuándo una carta invertida simplemente proporciona más contexto frente a cuando niega rotundamente lo que implica una carta vertical. Puedes averiguarlo observando la dirección visual de cada carta en tu tirada. Una carta entre una carta vertical y una carta invertida muestra que, mientras que la carta del medio se ve afectada por la carta vertical hasta cierto punto, la carta invertida resiste esa influencia. Por ejemplo, supongamos que tienes una reina de corazones entre un rey de corazones y un 8 de tréboles invertido. El rey de corazones es una carta cálida que representa a una persona generosa o alguien en contacto con sus emociones, complementando a la reina de corazones, que indica éxito e influencia. Por otro lado, el 8 de clubes invertido te muestra que hay desafíos con respecto a tus ambiciones o tus recursos materiales y el posible éxito que se te presenta. En esta situación, el 8 de tréboles invertido se opone a la influencia del rey de corazones sobre la reina de corazones.

Debes prestar atención al contraste en el simbolismo entre la carta invertida y cualquier carta vertical que aparezca conectada energética o visualmente. Cuando la carta invertida tiene cualidades directamente opuestas a la carta vertical, esto es una clara señal de negación de la carta vertical.

Independientemente de tu método preferido de adivinar con las cartas, debes entender que la intuición es clave. No puedes confiar en tu intelecto, leyes o memoria del significado de cada carta. Debes aprovechar la fuerte voz de tu intuición para ser guiado adecuadamente a través del confuso laberinto de combinaciones de cartas. Para desarrollar esta intuición, debes aceptar y confiar en lo que te da. Cuanto más confíes en él, más claro lo percibirás y más precisas serán tus lecturas a tiempo. También significa pasar una cantidad significativa de tiempo con las cartas para que puedas entender el idioma que te hablan y sentir sus energías.

Combinaciones de muestras

Aquí hay algunas combinaciones de cartas y posibles interpretaciones que puede extraer de ellas:

As de picas y siete de corazones: Esto podría implicar el comienzo de algo que te cambia profundamente a ti o a tus circunstancias (el As de Picas) de una manera que implique decepción, o que necesites retirarte a tu interior para obtener una visión (Siete de Corazones).

Diez de diamantes y reina de tréboles: Experimentarás abundancia en tus finanzas (Diez de Diamantes) al tener confianza, haciéndote encantador en tus formas (Reina de Tréboles) y atrayendo naturalmente a aquellas personas y situaciones que necesitas para perpetuar dicho éxito.

Rey de corazones, as de diamantes y dos de picas: Esto se refiere a alguien que es profundamente compasivo y generoso (Rey de Corazones) que probablemente te traerá grandes oportunidades de éxito (As de Diamantes), aunque al comienzo de tu conexión habrá desafíos que superar (Dos de Picas).

Jota de tréboles, ocho de corazones y tres de diamantes: Dibujar este combo sugiere que hay una persona joven llena de ambición (Jota de Tréboles) que encontrará la alegría (Ocho de Corazones) al lograr finalmente la estabilidad en sus finanzas a través de elecciones prácticas (Tres de Diamantes).

Cinco de picas, nueve de tréboles, reina de diamantes y rey de picas: Experimentarás un tiempo de cambio (cinco de picas), y para cuando estés del otro lado, habrás llegado al liderazgo y al éxito, habrás terminado tu proyecto o tarea (nueve de tréboles) y habrás hecho todo lo posible para ser sabio con tus inversiones (reina de diamantes). Sin embargo, debes tener cuidado de no usar tu nuevo éxito para causar angustia o problemas innecesarios a otros (rey de picas).

Entonces, ahora sabes cómo entender lo que te dice una combinación de cartas robadas y cómo puedes extraer significado de ellas. ¿Cómo se realiza realmente una lectura? En el siguiente capítulo se explicará el proceso.

Capítulo 6: Realización de una lectura

Las lecturas de cartomancia deben abordarse con la actitud correcta y la preparación adecuada. Este capítulo te mostrará todo lo que necesitas hacer para dar la mejor lectura posible sin sudar.

Creando tu espacio sagrado

Lo primero que debes hacer antes de una lectura de cartomancia es crear un espacio sagrado. Los espacios sagrados son importantes porque, por un lado, te ayudarán con tu concentración. Este oficio requiere concentración; No puedes darte el lujo de distraerte o luchar para recibir mensajes en un lugar lleno de energías conflictivas que pueden distorsionar los significados que obtienes de las cartas. Cuando creas un espacio sagrado, dedicas un área a tu práctica que te permite concentrarte en tu intuición y estar presente en el momento.

Los espacios sagrados también son importantes porque llevarás a cabo rituales y trabajarás con imágenes poderosas. Este hecho implica que tu estado psicológico cambiará de una manera que lo hará más propicio para recibir mensajes de la intuición y los espíritus. Los espacios sagrados te ayudan a arraigar tus intenciones firmemente en tu mente y a crear una atmósfera de divinidad.

Crear un espacio sagrado también implica prepararse energética y emocionalmente para su lectura. Significa que puedes dejar de lado todas las distracciones y preocupaciones, lo que facilita la recepción de mensajes de las cartas. El espacio sagrado también actúa como un límite energético y físico que aleja lo profano de lo profundo. Así es como se crea tu espacio sagrado:

Realizar tus lecturas en un espacio sagrado puede ayudarte a trabajar con imágenes poderosas[11]

Primero, elige un lugar tranquilo y cómodo. Recuerda, quieres *cero distracciones*. El espacio podría estar en tu casa o en un lugar agradable al aire libre.

A continuación, despeja el espacio. Si hay algún tipo de desorden, debes deshacerte de él porque es probable que aumente tus distracciones. Eliminar el desorden fomenta la tranquilidad y la sensación de calma, lo que facilita la conexión con las cartas.

Configura la iluminación. La iluminación es importante cuando estás creando tu espacio sagrado. Las lámparas suaves o las velas pueden crear un ambiente suave y acogedor. Por lo general, es mejor ir con luz natural o algo cálido que te permita relajarte realmente.

Usa incienso. Puedes hacer uso de diferentes aromas para mejorar tu estado de ánimo. Por lo tanto, invierta en velas aromáticas, varillas de incienso o aceites esenciales para su espacio ritual. Elige aromas que te hagan sentir presente y relajado, lo que facilitará la conexión de tu intuición.

Incorpora música. La música también puede afectar tu estado de ánimo y ponerte en un espacio más receptivo y abierto en tu mente. Por lo tanto, considere la posibilidad de poner música ambiental que haga que la atmósfera se sienta aún más sagrada de lo que es. También puedes optar por sonidos de la naturaleza o trabajar con pistas de meditación que te permitirán relajarte.

Ahora es el momento de crear tu altar. Este es un paso opcional. Sin embargo, puedes crear un altar si crees que debes hacerlo. Puedes poner imágenes significativas, símbolos, cristales y las cartas con las que trabajarás en este altar. El altar pretende actuar como un punto de anclaje donde se canalizará toda tu atención durante tus lecturas.

Practicar la meditación

Si quieres practicar la cartomancia, hacer de la meditación un hábito diario es beneficioso. La meditación te ayudará a calmar tu mente, lo cual es esencial para ponerte en contacto con tu intuición. No hay forma de que puedas experimentar la sensación de calma necesaria para una lectura precisa si tu mente está constantemente molesta por pensamientos estresantes, ya sea charla o alguna distracción, lo que dificulta la conexión con tu sabiduría interior. Al meditar, te pones en el estado mental correcto y recibes mensajes de las cartas y el espíritu.

Otra cosa importante es que la meditación te ayuda con tu concentración. Al meditar regularmente, puedes mantener tu enfoque en básicamente cualquier tarea durante el tiempo que necesites. Esta habilidad es esencial cuando se trata de cartomancia. Porque cuanto más concentrado estés en la tarea, más fácil te resultará deducir los diversos significados, simbolismos y matices sutiles de las cartas a medida que lees.

La meditación también es una forma poderosa de desarrollar tu intuición. Cuando habitualmente te vuelves hacia adentro, encontrarás una voz segura que te permite saber lo que necesitas saber en cada punto. Todo el mundo tiene intuición, pero no todo el mundo la desarrolla. Considera meditar todos los días para tener el nivel de conexión necesario con tu intuición para servir a tus lecturas.

La meditación no solo te ayuda a pensar con claridad, sino que también te ayudará a sentir las energías. Como ya sabes, todas las cartas tienen energía, y serás mejor para detectarla cuando tengas las herramientas necesarias. La meditación te dará una mayor conciencia, lo que facilitará la captación de energías sutiles. Obtendrás lecturas tan matizadas que cualquier otra persona que trabaje solo con los significados de la carta no podría soñar. Puedes utilizar dos métodos básicos de meditación para mejorar tu cartomancia.

Mindfulness: Con este método de meditación, solo tienes que observar los pensamientos, sentimientos y sensaciones que experimentas sin ofrecer ningún juicio. Esta es una excelente manera de asegurarse de estar siempre presente durante sus lecturas. Para practicar la atención plena, siéntate en una posición cómoda y asegúrate de llevar ropa cómoda. Lo ideal es que estés en un espacio libre de distracciones. Si vives con otras personas, diles que no te molesten durante los próximos 10 a 15 minutos. Siéntate, cierra los ojos, separa ligeramente los labios, inhala por la nariz y luego exhala por los labios. Mientras respiras, presta atención a la respiración. Observa cómo te sientes cuando inhalas y exhalas. Puede notar que la exhalación es más larga que la inhalación. Esto está bien. También descubrirás que tu mente se aleja de la respiración. Esto no es algo por lo que molestarse. De hecho, deberías estar emocionado al notar que tu mente ha divagado. Cuando esto suceda, reconozca suave y amorosamente que se ha distraído y devuelva su atención a su respiración. Hazlo tan a menudo como necesites. Cuanto más lo hagas, mejor serás consciente. Haz de esto una práctica diaria y verás resultados fenomenales.

Visualización: Este método de meditación implica usar tu imaginación para crear imágenes en tu mente. Con esta metodología, te resultará más fácil conectar con las imágenes de las cartas y sus colores y lo que simbolizan a un nivel mucho más profundo. Para practicar la visualización, una vez más, busca un lugar tranquilo y libre de distracciones. Cierra los ojos, separa los labios, inhala por la nariz y exhala por la boca. Continúa haciendo esto hasta que sientas que tu cuerpo se relaja y tu mente se calma.

A continuación, imagínate en algún lugar pacífico y tranquilo; Puede ser una playa, un jardín o la cima de una montaña, lo que sea que funcione para ti está bien. Ahora, imagina que estás mirando una carta. Mira la carta en detalle, tomando nota de todos sus símbolos, colores y los pequeños detalles que hacen que esa carta sea única de las demás. Sumérgete tanto en tu visualización que comiences a sentir las energías de las cartas mientras las observas. Al hacer esto todos los días, te vuelves aún mejor en la conexión con las cartas y a nivel visual y obtienes información más precisa de ellas.

Debes recordar que no puedes meditar una vez y esperar que los efectos duren para siempre. Eso sería similar a tomar una ducha una vez y asumir que olerás a rosas por el resto de tu vida; La meditación no es una moda pasajera, sino una forma de vida. Y es fundamental si vas a practicar la cartomancia con éxito.

Establecer intenciones

Establecer intenciones es importante cuando te preparas para la lectura porque así es como aclaras tu propósito. Así es como enfocas tu energía para asegurarte de que la lectura se mantenga en el buen camino. Para establecer una intención correctamente, primero debes averiguar por qué estás realizando una lectura para empezar.

Tómate un momento para pensarlo. ¿Hay alguna circunstancia en la que quieras tener más claridad? ¿Está buscando validación? ¿Solo quieres más información sobre una determinada persona o aspecto de tu vida? Al captar la motivación para buscar una lectura, desarrollarás una fuerte intención y guiarás las cartas para que te den respuestas más precisas.

Cuando averigües por qué quieres leer, el siguiente paso es aclarar tus intenciones y objetivos. Tienes que preguntarte qué es lo que quieres de las cartas. Por ejemplo, es posible que desees respuestas muy específicas o prefieras trazos generales. Es posible que busques empoderarte o entender algo mejor.

El siguiente paso es elaborar tu intención. Sé específico al respecto. Algunas personas cometen el error de establecer intenciones generales como: "Me gustaría saber sobre mi vida financiera". Sin embargo, sería más efectivo decir: "Busco orientación en mi situación financiera actual para comprender mis fortalezas y debilidades y encontrar las oportunidades para elevar mis finanzas". Cuando eres muy específico con tu intención, hace que la lectura sea más enfocada.

Una parte crucial del establecimiento de intenciones es asegurarse de permanecer receptivo. Tienes que estar abierto a cualquier mensaje que recibas. A veces, los lectores recibirán mensajes con los que no están de acuerdo, pero eso no significa que los mensajes no sean ciertos. Lo último que quieres hacer es dudar de las cartas. Cuando haces esto habitualmente, esencialmente estás cerrando tu intuición y creando un estado en el que tus lecturas siempre están plagadas de incertidumbre y, por lo tanto, nunca son precisas. Debes mantenerte abierto y evitar que tus nociones preconcebidas nublen lo que la carta comparte contigo.

Limpieza y carga del mazo

Ahora tienes un espacio sagrado y una intención clara. El siguiente paso es limpiar y cargar tu mazo. No puedes saltarte este paso porque es importante eliminar las energías obsoletas y negativas acumuladas en la carta e imbuir las cartas de energía positiva que será buena para la lectura. Puedes usar los siguientes métodos para limpiar tu mazo.

1. El difuminado es un método poderoso y popular para limpiar lugares, personas y cosas. "Manchar" significa pasar la cosa que se quiere limpiar a través de un poco de humo. El humo suele provenir de hierbas limpiadoras como el palo santo, la salvia blanca o el cedro. Necesitarás un quemador de incienso para no hacerte daño. Cuando enciendas las hierbas, puedes pasar la cubierta a través del humo. Mientras haces esto, imagina que el humo elimina todas las energías negativas adheridas a las cartas.

2. Otro método para limpiar la cubierta es usar sal. La limpieza con sal consiste en poner el mazo en un recipiente con un poco de sal y dejarla reposar durante la noche. Esotéricamente, la sal es una excelente sustancia para deshacerse de las energías negativas o inmóviles. Al día siguiente, quita toda la sal de tus cartas.

3. También puedes darle a tus cartas un baño a la luz de la luna. Esta es una excelente manera no solo de limpiar, sino también de cargar su mazo. Todo lo que tienes que hacer es ponerlo bajo la luz de la luna llena. Asegúrate de que sea seguro donde los elementos no lleguen a sus cartas y las arruinen. Debes dejarlas reposar a la luz de la luna durante la noche para que puedan absorber las energías de la luna.

4. Por último, puedes probar la visualización. Todo lo que tienes que hacer es sostener las cartas en ambas manos y luego, en tu mente, imaginar una luz dorada brillante emanando de tus manos, rodeando las cartas, quemando todas las energías negativas y obsoletas, y cargando las cartas.

Ahora que sus cartas han sido limpiadas, aquí hay algunas técnicas de carga.

1. Puedes cargar tus cartas con luz solar. Es lo mismo que con la luz de la luna. Todo lo que tienes que hacer es colocar tu mazo de cartas en algún lugar donde la luz del sol pueda tocarlo durante horas. Sería mejor si trabajaras con el sol de la mañana o de la tarde, ya que lo último que quieres es que el sol haga que las imágenes y los colores de tu carta se desvanezcan. En tu mente, asume que el sol envía energía que carga tus cartas con amor y positividad.

2. También puedes trabajar con cristales. Todos los cristales tienen energía. Puedes usar estas energías para cargar el mazo. Puedes averiguar qué cristal quieres cargar tu mazo con un poco de investigación. Por ejemplo, si quieres especializarte en el amor y el romance, puedes trabajar con el cristal de cuarzo rosa. Si no está seguro de qué cristal elegir para sus lecturas, puede trabajar con cuarzo transparente, que actúa como un amplificador de energía y va bien con todas las intenciones. También puedes usar amatista porque se sabe que esa piedra mejora las habilidades psíquicas e intuitivas necesarias para la cartomancia. Todo lo que tienes que hacer es colocar la piedra en la parte superior de tu mazo durante horas o dejarla toda la noche. Las cartas tomarán la energía positiva de los cristales. También debes tener el hábito de cargar y limpiar tus cristales.

3. Otro método para cargar tu mazo consiste en la respiración intencionada. Todo lo que tienes que hacer es sostener la cubierta frente a tu cara e inspirar. Al exhalar, imagina que esa respiración tiene tu intención, y que la energía positiva fluye de ella hacia las cartas.

4. También puedes trabajar con afirmaciones. Todo lo que tienes que hacer es sostener las cartas en tus manos y hacer afirmaciones positivas como: "Ahora te encargo de amor, sabiduría y verdad".

Elegir un pliego o un diseño

Otra parte importante de la preparación para la lectura es determinar el pliego o el diseño con el que quieres trabajar. Para ello, debes pensar en el propósito de tu lectura.

A continuación, debes tener en cuenta la complejidad y el tamaño de tu tirada. Por ejemplo, si buscas una respuesta simple y generalizada, puedes optar por un sorteo de una carta. Sin embargo, si quieres algo más matizado en detalle, puedes elegir algo con varias cartas. Si no tienes mucho tiempo, es posible que desees una tirada que no tenga demasiadas cartas involucradas. Si tienes tiempo y buscas una visión mucho más profunda, lo mejor sería optar por los diseños más grandes posibles.

Formulación de preguntas

Para hacer preguntas claras, tómate un tiempo para reflexionar sobre lo que estás pasando en este momento. ¿De qué se trata? Primero reúne todos tus sentimientos y pensamientos sobre la circunstancia. A continuación, considera el problema principal con la circunstancia para la que necesita claridad. Cuando tengas claro cuál es el objetivo principal de tu lectura, es hora de elaborar tu pregunta. Asegúrate de que sean específicos. No ayuda hacer preguntas amplias como "¿Qué podría deparar el futuro?" En su lugar, hay que ser muy específico. Por ejemplo, pregúntale: "¿Qué puedo hacer para asegurarme de que mi relación siga mejorando?".

Ten en cuenta que obtendrás orientación específica cuando seas específico con tu pregunta. Así que no tengas miedo de ser muy preciso. Si el tiempo es importante con respecto a la situación, debes incorporar ese elemento en tu pregunta. Por ejemplo, pregúntale si debes asistir a un evento aparentemente importante a una hora determinada. También es importante especificar cuándo es el momento. ¿Será en los próximos dos meses o en 3 años? Incluye eso en tu pregunta.

Opta por preguntas abiertas. Estas preguntas permitirán que las cartas te respondan con mucha información. Hacer preguntas simples de sí o no no es el camino a seguir en cartomancia. Debes hacer preguntas que te hagan reflexionar profundamente.

Una vez que finalmente tengas tu pregunta, es importante reflexionar sobre ella y refinarla. Considera si capta todo lo que buscas entender sobre tu situación y si está de acuerdo con tus intenciones para la lectura.

Si descubres que debes hacer ajustes, hazlo. Cuando finalmente lo tengas claro en tu mente, escribe la pregunta para que tu intención para la lectura quede fijada en tu mente.

Desarrollo de interpretaciones personales

Mejorar en la cartomancia significa practicar el trabajo con tu intuición y afinar esa habilidad. Aquí hay algunas cosas que puedes hacer para interpretar las cartas como un profesional. Primero, debes estudiar las cartas y familiarizarte con ellas. Después de todo, no puedes tratar de explicar lo que no te has tomado el tiempo de entender. Por lo tanto, piensa en las imágenes, los colores, los diversos arquetipos conectados a la carta, etc. Este libro ha proporcionado amplia información sobre las cartas con las que podrías empezar.

A continuación, es importante que confíes en tu intuición. Siempre que una voz hable, confía en ella. Podría ser una voz real o simplemente una sensación de conocimiento. Podría ser un pensamiento con una cualidad claramente diferente a tu charla mental habitual. Cuando sientas energía, no la cuestiones ni la dudes. Acepta que esta energía es la verdad. Con el tiempo, descubrirás que tienes mucha más confianza en tu intuición.

Escribir un diario es una buena práctica para tener después de cada lectura. Debes anotar todo lo que entendiste de la lectura, las impresiones que obtuviste de cada carta, etc. Estas notas que estás haciendo siempre deben ser revisadas. Cuando haces esto, fortaleces tu capacidad para entender cada carta e interpretarlas con precisión, dependiendo del contexto.

Otra cosa útil para ayudarte con las interpretaciones personales de estas cartas es utilizar ejercicios de imaginación activa para que puedas conectarte con ellas profundamente. La meditación de visualización que te ofrecieron es una gran herramienta para esto.

Ten en cuenta tu conexión personal y tus significados cuando se trata de las distintas imágenes, colores y símbolos de la carta. Por ejemplo, una carta puede recordarle a una persona o evento. No descartes tus significados personales solo porque no se alinean con las interpretaciones tradicionales de la carta. Puede haber una manera de casar esos significados para que puedas entender exactamente lo que te está comunicando lo divino.

Considera la posibilidad de trabajar con otros cartomantes en su campo. Porque cuando compartes tus experiencias con ellos, y ellos comparten las suyas contigo, puedes aprender una o dos cosas. Siempre es una buena idea estar abierto a nuevas formas de hacer las cosas. Por lo tanto, conectarse con los demás es bueno, y mantenerse abierto y curioso hará maravillas en su práctica. Una nota final es que debes trabajar con las cartas regularmente. No puedes esperar trabajar con ellas de vez en cuando y de alguna manera desarrollar competencia. Haz una práctica diaria y verás resultados fenomenales con el tiempo.

Ahora que sabes lo que debes hacer para realizar una lectura, es hora de ver algunas lecturas de muestra para probar suerte en la realidad. Dirígete al siguiente capítulo para esto.

Capítulo 7: Ejemplos de lecturas

Las lecturas de muestra son esenciales porque te ayudan a practicar y usar tus habilidades de manera adecuada. El objetivo principal de este capítulo es ofrecer ejemplos prácticos de cómo se puede aplicar la cartomancia en la vida real.

Ejemplo de lectura de tirada de tres cartas

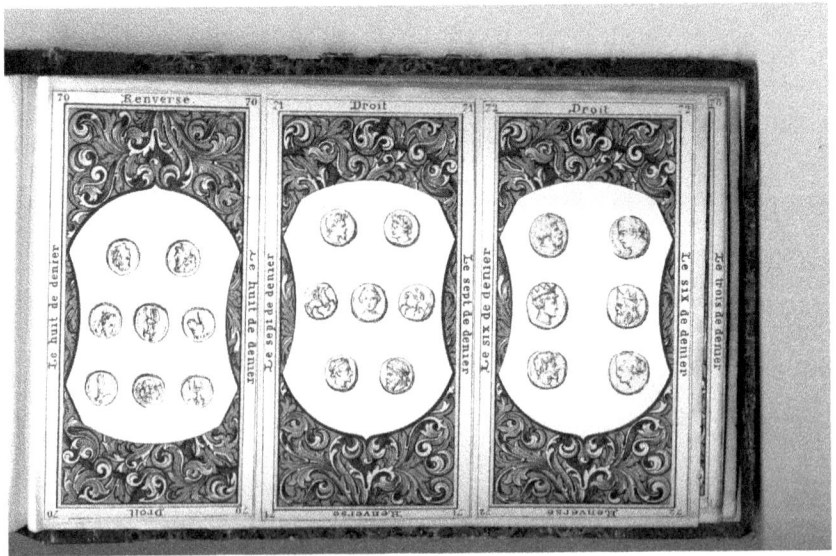

Ejemplo de tirada de tres cartas [12]

Pregunta: Sospecho que mi pareja me está engañando, ya que dice ser fiel, pero publica ciertas cosas en las redes sociales que darían a entender a los demás que no está en una relación. ¿Tengo algo de qué preocuparme con respecto a nuestra relación?

Cartas sorteadas: As de corazones, 5 de picas, reina de diamantes

Carta 1: as de corazones

Esta carta representa un nuevo comienzo. Se trata de finalmente sentirte realizado emocionalmente y encontrar el amor que has buscado durante mucho tiempo. En el contexto de la pregunta, esta carta implica que tu relación está establecida sobre una base firme arraigada en el amor y la verdadera conexión. La conexión entre tú y tu pareja es genuina, y ambos sienten un profundo afecto el uno por el otro. Afirma que el vínculo no se puede romper fácilmente y que si ambos lo permiten, existe la posibilidad de crear algo hermoso que dure toda la vida. Observa todo lo que sucede en tu relación y aprécialo. Te está pidiendo que hagas lo que puedas para fomentar esta relación para que siga mejorando.

Cartas 2: 5 de picas

Esta carta representa conflictos, obstáculos y desafíos. Sugiere que usted y su pareja pueden chocar de vez en cuando, experimentando situaciones difíciles y teniendo desacuerdos. Sin embargo, no debe apresurarse a hacer suposiciones o sacar conclusiones precipitadas. El 5 de picas te dice que las fuerzas externas a tu relación o los malentendidos podrían crear tensión. Es posible que estés malinterpretando esta tensión como una posible infidelidad. Por lo tanto, debes hacer todo lo posible para permanecer abierto. Comunica tus sentimientos a tu pareja para abordar cualquier problema que pueda surgir en esa conversación. Al elegir comunicarse, creas una situación en la que tus desafíos se pueden superar fácilmente, y no solo eso, tu relación puede ser más fuerte y mejor.

Carta 3: reina de diamantes

Esta carta encarna las energías de la lealtad, la estabilidad y la practicidad. Teniendo en cuenta tu pregunta, esta carta te dice que tu pareja es el bastión de la estabilidad y la lealtad. La reina de diamantes se mantiene fiel pase lo que pase y siempre tiene el panorama general en mente. Esta persona entiende la importancia de tus conexiones y tiene la intención de seguir comprometida contigo. Esta carta implica que tu pareja no quiere nada más que asegurarse de que ambos tengan una base sólida y duradera. Por lo tanto, esta carta te pide que confíes en que tu pareja es verdaderamente fiel a ti y lo aprecies.

Ejemplo de lectura de la cruz celta

Pregunta: Mi hermana y su esposo me echaron de su casa cuando estaba en una posición vulnerable con mi salud mental, y nunca se comunicaron conmigo ni una sola vez en 8 años. Finalmente, tienen y dicen que quieren hacer las paces y ayudarme económicamente. Aun así, sospecho que solo planean usarme en un plan contra un hermanastro cercano (la persona a la que han llevado a los tribunales por reclamos frívolos). ¿Cómo debo abordar su oferta de ayuda?

Carta 1 – El presente: 3 de corazones

Esta carta sugiere sanación y la oportunidad de reconciliarse con su familia. Implica que la situación puede ofrecer una oportunidad para reparar las heridas del pasado y reparar los puentes rotos. Te dice que aquí tienes una oportunidad de perdonar y ser perdonado y entenderte el uno al otro.

Carta 2 – Desafío actual: 10 de diamantes

En este contexto, el diez de diamantes implica que a lo que te enfrentas en este momento es si la oferta de tu hermana y su esposo para ayudarte es sincera o no. Esta carta te pide que tengas cuidado al considerar sus intenciones para ti.

Carta 3 – Pasado lejano: rey de tréboles

La energía del rey de tréboles es la de alguien que tiene autoridad y una fuerte voluntad. En el pasado, había dinámicas de poder que no te favorecían en la relación con tu familia. El conflicto constante dio lugar a malentendidos. Tal vez te etiquetaron como la oveja negra. Esta carta te pide que consideres la dinámica entre tú y esta persona (tu hermana y su esposo en esta situación). Piensa en cómo sus acciones han afectado tu situación actual y qué tan probable es que hayan cambiado.

Carta 4 – Pasado reciente: 8 de picas

El 8 de picas es una carta que representa los desafíos en tu camino. No hace mucho tiempo, tenías que lidiar con limitaciones y dificultades que te estresaban mentalmente. Estas situaciones pueden haberse agravado aún más por el hecho de que lo echaron de su casa. Por lo tanto, esta carta indica que estabas luchando terriblemente en ese momento y probablemente todavía lo estás.

Carta 5 — Mejor resultado: reina de corazones

Esta carta representa la energía de la crianza y la compasión. Se trata de ser apoyado emocionalmente. Si aceptas la propuesta de tu hermana y su esposo, hazlo con cautela mientras mantienes tu corazón abierto, ya que existe la posibilidad de que puedan reconciliarse verdaderamente el uno con el otro.

Carta 6 — Influencia futura: 7 de diamantes

El 7 de diamantes te dice que existe la posibilidad de que crezcas financieramente. Por lo tanto, cuando se trata de la asistencia que se ofrece, existe la posibilidad de que su situación financiera sea mejor. Sin embargo, sería sabio que fueras perspicaz. En otras palabras, si aceptas su ayuda, es importante que no te pongas en una posición en la que sigas estando en deuda con ellos. De hecho, puede ser mejor decirles que aceptas su oferta y que estás agradecido por ella, pero eso no significa automáticamente que obtengan acceso a ti o el derecho a controlarte como lo hicieron en el pasado.

Carta 7 — Emociones internas: as de picas

Esta carta representa nuevos comienzos y nuevos cambios. En cuanto a tus emociones internas, la carta aclara que eres muy escéptico sobre sus intenciones. Realmente quieres creer que solo tienen las mejores intenciones para ti, pero no puedes evitar sentirte inseguro. Quieres un nuevo comienzo con ellos, pero claramente te preocupa que esto pueda ser más de la misma vieja dinámica que ya has experimentado con ellos. Necesitas confiar en tus instintos y escuchar a tu intuición para discernir si debes retirarte de las interacciones en lo que a ellas respecta, o cuándo.

Carta 8 — Influencias externas: 2 de picas

Esta carta representa desafíos y obstáculos. Entonces, en este caso, el desafío es el caso judicial que involucra a su hermanastro. Existe una gran posibilidad de que su hermana y su esposo se comuniquen con usted solo porque sienten que usted sería una parte fundamental para que ganen el caso que tienen con su hermanastro. Depende de ti decidir si quieres aceptar su ayuda y dejar claro si llega el momento en que no estás dispuesto a ser chantajeado para que hagas algo incorrecto.

Carta 9 — Esperanzas y temores: jota de diamantes

Esta carta trata sobre ser práctico e ingenioso en tus caminos. Demuestra que tienes la esperanza de que esto podría ser lo que finalmente te plante sólidamente en tus pies financieramente. Sin embargo, tienes miedo de que solo se aprovechen de ti o te enreden en algo que traicione a tu hermanastro.

Carta 10 – Resultado final: 4 de tréboles

Esta carta te dice que tus elecciones deben estar estructuradas y ordenadas. En otras palabras, debes ser práctico con esta situación. Existe la posibilidad de que finalmente pueda mejorar financieramente, ya que parece que has estado luchando con eso. El hecho de que sospeches de sus intenciones no significa que debas dejarlos de lado por completo, ya que pueden estar dispuestos a ofrecerte la ayuda que necesitas. Sin embargo, debes permanecer en contacto con tus instintos para que, si se hace obvio que están tratando de volver a tu vida para controlarte, puedas cortar los lazos rápidamente. Mientras tanto, haz preguntas y sé honesto con ellos y contigo mismo.

Ejemplo de lectura de tirada de tres cartas

Pregunta: Últimamente he sentido la necesidad de tomarme más en serio mi vida espiritual. Aun así, no sé por dónde empezar: ¿cómo puedo desarrollar un vínculo con mi yo superior?

Carta 1 – El pasado: reina de corazones

Dado que esta carta representa la compasión, es posible que hayas tenido ciertas experiencias que despertaron tu curiosidad espiritual y te hicieron consciente de que hay mucho más en la vida de lo que parece. Estas experiencias sirvieron como semilla para tu deseo actual de conectarte con tu naturaleza espiritual. En tu pasado, experimentaste cosas que te hicieron volverte profundamente sensible a las energías sutiles del reino espiritual. En otras palabras, ya tienes una buena base para comenzar tu exploración espiritual.

Carta 2 – El regalo: 8 de diamantes

Esta carta representa tu disciplina y practicidad en la manifestación de la abundancia que te espera. La carta implica que para conectarte con tu ser superior, lo mejor sería encontrar métodos disciplinados y prácticos que te ayuden a lo largo de tu camino. En otras palabras, cualquier camino espiritual que elijas debe estar estructurado y fundamentado. Esto se debe a que estos son los caminos que tienen más probabilidades de ser efectivos para demostrarte cuán espiritual eres. Por lo tanto, debes estudiar enseñanzas espirituales con impactos y resultados verificables y observables.

Carta 3 — El futuro: as de picas

El as de picas es la carta de las nuevas percepciones y cambios espirituales. Esta carta te dice que experimentarás una profunda conexión con tu ser superior en el futuro. Esto significa que despertarás y te transformarás espiritualmente. La sabiduría y la perspicacia que recibirás a medida que recorras tu camino espiritual te cambiarán la vida. El as de picas también implica que experimentarás muchas oportunidades para desarrollarte y crecer como ser espiritual y conectarte con tu ser superior incluso más fuertemente de lo que puedas imaginar.

Pregunta: Últimamente, he notado que mi cuerpo no está actuando como solía hacerlo. Estoy preocupado, pero no quiero molestarme innecesariamente. ¿Qué debo tener en cuenta para asegurarme de que me mantengo físicamente íntegro y joven?

(Ten en cuenta que siempre debes buscar atención médica de un profesional con licencia si siente que algo anda mal con su cuerpo. La cartomancia es solo una herramienta para darte más información, no para diagnosticarte).

Carta 1 — El regalo: joker

El joker es una carta de imprevisibilidad. Implica ser flexible y tener sentido del humor. Ahora, en el contexto de la pregunta formulada, el joker representa la situación actual por la que está pasando tu cuerpo. Hay cambios en su función habitual que te tienen preocupado. El Joker te pide que consideres estos cambios con una mentalidad flexible y abierta. Se te pide que aceptes el cambio y encuentres un equilibrio entre cuidarse a ti mismo y permitirte disfrutar de la vida. El joker te dice que no todo debe tomarse en serio y que lo mejor sería mantener el sentido del humor sobre tu salud, ya que esto hará maravillas a largo plazo.

Carta 2 — El desafío: reina de corazones

La reina de corazones representa tu bienestar emocional. Esta carta trata sobre tu intuición y tu capacidad para nutrirte a ti mismo. En relación con tu pregunta, la carta te dice que el desafío es tratar de comprender tus emociones, lo que puede tener un impacto poderoso en tu salud física. Lo que crees que es un problema físico en realidad está arraigado en tus emociones. La carta te dice que debes prestar atención a tus sentimientos y hacer lo que puedas para traerte más alegría, risas y satisfacción. Es una buena idea asegurarse de tener relaciones de apoyo llenas de amor y positividad. Cuando cuidas tu bienestar emocional, se refleja positivamente en tu cuerpo.

Carta 3 – Guía y resultado: 7 de diamantes

Esta carta representa las ideas de ser ingenioso y práctico. También se trata de cuestiones financieras. En relación con tu pregunta, la carta implica que sería mejor notar lo que necesita físicamente. Por ejemplo, su cuerpo puede pedirle más descanso, ejercicio o una mejor nutrición. Por lo tanto, debes ser práctico para resolver tus desafíos físicos actuales. Esta carta te dice que también debes considerar invertir dinero en mantener tu salud y tomar decisiones que finalmente te beneficiarán.

En resumen, esta lectura te pide que estés en paz con los cambios que experimenta tu cuerpo, que inviertas en cuidarte y que te tomes el tiempo para asegurarte de sentirte bien emocionalmente. Invierte dinero en ti y en tu salud porque te lo mereces. Trata de encontrar el equilibrio en cada parte de tu vida, y descubrirás que tus preocupaciones no son tan graves.

Ahora que has visto algunas lecturas, es hora de que lleves tu oficio al siguiente nivel trabajando con tu intuición. Descubrirás cómo en el próximo capítulo. Pero primero, hablemos de la intuición. ¿Qué es?

Capítulo 8: Lecturas intuitivas

¿Qué es la intuición?

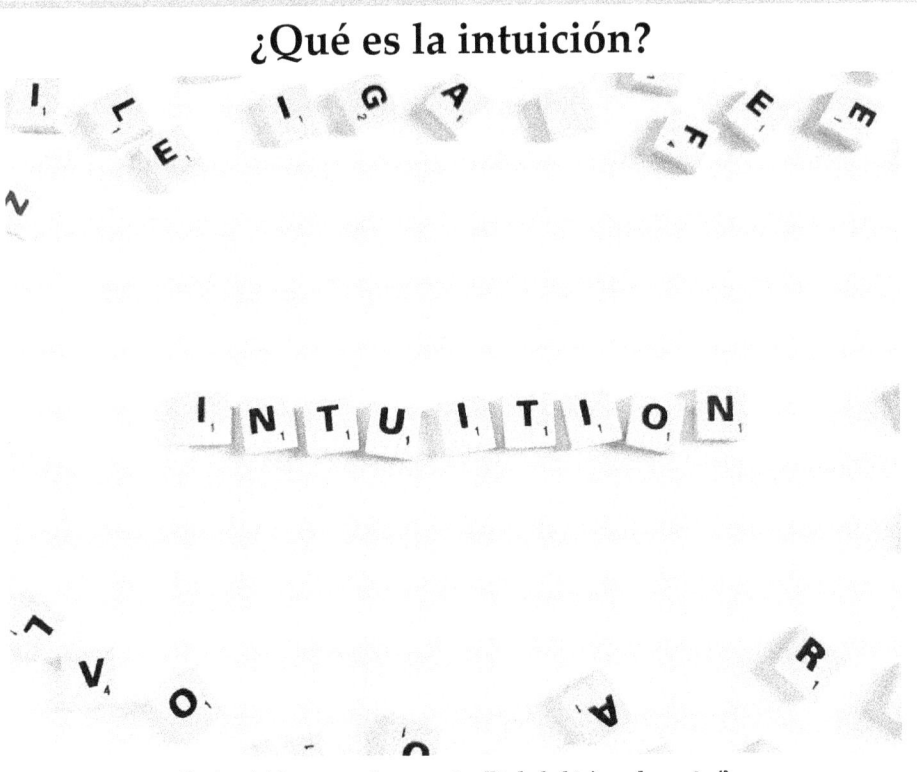

La intuición es una fuerza más allá de la lógica y la razón [18]

La intuición ha sido mencionada varias veces en este libro. Pero la pregunta es, ¿qué es, realmente? La intuición es algo que existe en todos. Puedes pensar en ella como una antigua fuerza mística responsable de la evolución de la conciencia tal como es hoy. La intuición es algo que está más allá de los límites de la lógica y la razón. Viene de tu alma, esa voz que te dice cosas que son acertadas. La intuición es cuando obtienes un conocimiento repentino sobre algo de una manera que no puedes describir. Simplemente sabes que es verdad, y cuando revisas tu corazonada, descubres que tenías razón al respecto. Tu intuición es ese aspecto de ti que descubre todos los secretos del universo y te permite saber lo que está sucediendo debajo de la superficie de cada situación.

Es importante darse cuenta de que la intuición no es solo un pensamiento fugaz. No es algo que se deduzca por el pensamiento lógico. Es mucho más que eso. La mayoría de las personas con inclinaciones lógicas tienden a asumir que la intuición es lo mismo que una deducción, pero no lo es. La intuición involucra emociones y un profundo conocimiento interno que proviene de más allá de tu mente. Ondula a través de la esencia de tu alma y de tu ser. La intuición puede comunicarse contigo a través de varios medios, como la sincronicidad, los signos y los símbolos que te rodean.

Curiosamente, la intuición también sobrepasa los límites del tiempo y el espacio. No importa si estás lidiando con tu pasado, presente o futuro. La intuición puede estar disponible, revelando todo lo que necesitas saber sobre cualquier momento de tu vida o cualquier experiencia que hayas tenido.

Al realizar la cartomancia, debes estar en contacto con esta sabiduría interior que tienes. Desafortunadamente, muchas personas han embotado este sentido porque continúan complaciéndose en hábitos que no sirven a su intuición. Por ejemplo, si pasas mucho tiempo en las redes sociales o te entregas a ciertas sustancias que afectan o alteran tu conciencia, es posible que encuentres tu intuitivo aletargada. Sin embargo, no hay nada de qué preocuparse porque siempre puedes mejorarla. Y aprenderás cómo hacerlo para tener las lecturas más intuitivas y agradables durante tus sesiones de cartomancia.

Cómo funciona la intuición

Sintonizarse con las energías sutiles de los sentidos: Para realizar lecturas intuitivas, es importante que primero comprendas la mecánica de la intuición. Lo primero implica sentir lo que no se ve o es indetectable para los cinco sentidos. Cuando puedes conectarte con lo invisible, te has abierto a los secretos en el reino espiritual. Si aún no lo sabes, debes saber que todo lo físico está arraigado en el mundo espiritual. En otras palabras, la energía espiritual impregna todo y a todos los que existen. En consecuencia, al desarrollar tu intuición, estableces una situación en la que estás más abierto a captar las energías sutiles del espíritu, lo que implica que puedes acceder a cualquier información que desees independientemente del espacio o el tiempo. Esto se debe a que el aspecto espiritual de la vida trasciende esos dos límites de espacio y tiempo.

Prestar atención a tu sabiduría interior: El siguiente paso para conectarte con tu intuición implica escuchar tu sabiduría interior. Una vez que puedas sintonizarte con las energías sutiles mediante el uso de prácticas como la meditación, debes enseñarte a ti mismo a escuchar la voz interior que habla dentro de ti. Todo el mundo tiene esta voz, pero cuanto más practiques prestarle atención, y cuanto mejor captes las energías sutiles, más fuerte será tu voz. Será difícil confundirlo con cualquier otra cosa.

Algunas personas asumen que estas voces son el resultado de condiciones mentales como la esquizofrenia, o sienten que estas voces son más o menos lo mismo que un pensamiento que tienes en tu cabeza, pero ese no es el caso en absoluto. Algo acerca de la intuición hablando generalmente te congela en seco y te obliga a hacer un balance del momento presente a medida que todo el tiempo y el espacio pierden significado. Sabes en lo más profundo de ti mismo que la información que recibes es precisa. Escuchar la sabiduría dentro de ti significa que debes desconectar el ruido del mundo exterior y centrar toda tu atención en el interior.

Confiar en cosas extrañas: Lo siguiente que debes hacer después de sintonizarte con las energías sutiles y aprender a escuchar tu voz interior es confiar en lo que no te resulta familiar. Esto es importante porque los mensajes intuitivos a menudo aparecerán de maneras que no son la norma para ti. Después de todo, ¿de qué otra manera se supone que van a llamar tu atención? La intuición puede ser un conocimiento, una corazonada de que tienes razón sobre algo, o incluso un destello de perspicacia. Para mejorar en el trabajo con tu intuición y hacer que sea más precisa, debes aprender a confiar en ella en cualquier forma que se te presente. No caigas en la trampa de cuestionar si lo que comparte contigo es cierto o no. La intuición es una de esas cosas en las que *cuando sabes, sabes.*

Prestar atención a los símbolos y la sincronicidad: Reconocer la sincronicidad y el simbolismo es una gran parte de la comprensión de la intuición y el trabajo con ella. Los símbolos son el lenguaje del subconsciente. La sincronicidad es la forma en que tu alma intenta comunicarse contigo a través de tu intuición. La sincronicidad es la improbabilidad de que ciertos eventos ocurran simultáneamente o en línea entre sí de una manera que no se puede explicar lógicamente. Implica ver un cierto patrón numérico que se repite o que un conjunto de eventos se desarrolla de manera tan hermosa que no podrías haberlo imaginado. Tienes que aprender a reconocer la sincronicidad y otros símbolos que pueden aparecer en tu vida diaria. Cuanta más atención prestes a estas cosas y escuches a tu intuición, más podrás aprender sobre la vida.

Trabajar en estar en el presente: Desarrollar la atención plena es lo siguiente que debes considerar. En otras palabras, debes enseñarte a ti mismo a estar en el aquí y ahora. A menudo, la mayoría de las personas están atrapadas rumiando sobre su pasado o preocupándose por su futuro, pero nunca prestan atención a lo que está sucediendo aquí y ahora. Para que conectes con tu intuición, debes estar presente. Esto se debe a que la intuición prospera en el aquí y ahora. Por lo tanto, si esperas obtener orientación de esta sabiduría interior que llevas a diario, debes dominar el arte de mantenerte siempre conectado a tierra en el presente. Y la forma de hacerlo es practicando la atención plena. La meditación es una forma de lograr la atención plena.

Aceptar la sabiduría de tu corazón: Es curioso que muchos asuman que la sabiduría solo viene del cerebro. Sin embargo, no siempre es así. Tu corazón tiene sabiduría propia. Esa sabiduría es intuición. Debes aprender el lenguaje de las emociones porque así es como tu intuición a menudo te hablará. Eso no quiere decir que la intuición se trate solo de cómo te sientes. Sin embargo, necesitas saber lo que tu corazón te dice en cada momento porque así es como mejoras tu intuición. No es algo lógico. Es sobre todo emocional. Por lo tanto, al familiarizarte con tu paisaje emocional, te encontrarás accediendo a increíbles pozos de conocimiento que nunca podrías haber sondeado.

Dicho todo esto, la pregunta es, ¿cómo se realiza una lectura intuitiva? ¿Cómo puedes desarrollar y aprovechar tu intuición en la práctica de la cartomancia?

Bueno, ¡estás a punto de descubrir cómo!

Ya conoces dos excelentes métodos para ponerte en contacto con tu intuición y desarrollarla. Como se discutió en el capítulo anterior, puedes usar ejercicios de meditación y visualización. Sin embargo, las siguientes son formas en las que puedes desarrollar tu intuición para tener lecturas más intuitivas.

Observación consciente

La observación consciente es exactamente como suena. Se trata de prestar atención a todo lo que sucede dentro y alrededor de ti. Se trata de notar tu entorno, pensamientos, sentimientos, emociones y sensaciones. Cuanto más prestes atención a estas cosas, más presente te sentirás, lo cual es una ventaja para tus lecturas intuitivas. A continuación, te explicamos cómo practicar la observación consciente:

1. Primero, debes encontrar un lugar tranquilo donde no se distraiga ni lo moleste durante al menos 10 a 15 minutos. Asegúrate de que esta ubicación te permita relajarte fácilmente.

2. Siéntate en una posición que te resulte cómoda. Si lo deseas, puedes sentarse con las piernas cruzadas o en una silla. Pon las manos en los muslos o simplemente apóyalas en el regazo.

3. Tómate un tiempo para conectarte a tierra. Esto significa que cerrarás los ojos y respirarás profundamente por la nariz y exhalarás por la boca. Permite que tu cuerpo se ponga menos tenso con cada exhalación. Observa el peso de tu cuerpo y permítele soltar toda la tensión que sientes.

4. Presta atención a tu respiración. Esto es básicamente lo mismo que la meditación. Siéntate con tu respiración y obsérvala mientras entra y sale.

5. Ahora, es el momento de ir más allá de esto expandiendo tu conciencia. Esto implica que comenzarás a permitir que otra información además de tu respiración se filtre en tu mente. Empieza a notar tus pensamientos, cómo te sientes y las emociones que estás sintiendo. Fíjate en ellos a medida que surjan, pero haz todo lo posible por no juzgar a ninguno de ellos. No te apegues, ya que solo estás observando.

6. Es hora de llevar tus sentidos al juego. Fíjate en los olores, las vistas y las sensaciones que captas con tus cinco sentidos. Debes comprometerte con cada impresión sensorial tan plenamente como puedas.
7. Haz todo lo posible por no juzgar. Continúa observando todas estas cosas y deja de lado la necesidad de colocar una etiqueta en cualquiera de ellas. Basta con observar con curiosidad y aceptación.
8. Cuando tu mente inevitablemente se desvíe del ejercicio, como lo hará, simplemente tráelo suavemente de vuelta al presente. Vuelve a concentrarte en tu respiración y en tus observaciones. Se trata de ser consciente, así que tenlo en cuenta.
9. Por último, debes practicar esto tan a menudo como puedas. Así es como se mejora en la observación consciente.

Ahora, probablemente te estés preguntando la diferencia entre este ejercicio y el ejercicio de meditación que apareció antes. Recuerda que mientras que el ejercicio de meditación te hace concentrarte solo en tu respiración, este ejercicio de observación consciente trata de que te des cuenta de otras cosas además de tu respiración que te ayudarán a estar arraigado en el momento presente.

Ejercicios intuitivos

Los ejercicios intuitivos son herramientas maravillosas para ayudarte a mejorar el uso de tu intuición durante la cartomancia. A continuación, te explicamos cómo puedes involucrarte con ellos.

1. Escoge un ejercicio. Por ejemplo, puedes elegir un ejercicio como tratar de adivinar lo que hay en un sobre sellado o elegir intuitivamente cartas de un mazo, adivinar lo que hay en la carta, antes de darle la vuelta para ver si estabas en lo correcto.
2. Ahora que sabes el ejercicio que quieres, establece tu intención. Tu intención consiste en mejorar en el trabajo con tu intuición y obtener información precisa. Puedes expresar la sensación en voz alta o en tu mente.
3. Asegúrate de estar en un lugar donde el clima no sea una molestia o distracción. Si te ayuda, puedes crear el ambiente con una iluminación, música e incluso incienso.

4. Es hora de relajarse y calmarse con unas cuantas respiraciones. Cuando sientas que tu mente está despejada y tu cuerpo está relajado, puedes pasar al siguiente paso.
5. Empieza a adivinar lo que hay en los sobres sellados. Deja que tu intuición sea tu guía y no intentes apresurar el proceso. Es importante tener en cuenta que no hay fuerza en el proceso con respecto a tu intuición. Así que mantente lo más relajado y cómodo que puedas. Si notas que estás eligiendo las cosas equivocadas o haciendo las conjeturas equivocadas, es importante que no seas duro contigo mismo porque eso solo puede hacer que tengas resultados aún peores.
6. Cuando hayas terminado tu ejercicio, reflexiona sobre tus resultados. Compara qué tan precisas fueron tus conjeturas esta vez en comparación con la última vez. Y también, es importante asegurarse de practicar regularmente.

Otras herramientas para agudizar la intuición

Además de las herramientas ofrecidas hasta ahora, hay otras cosas que puedes hacer para agudizar tus sentidos intuitivos. Aquí hay un vistazo rápido a ellos:

1. **Lleva un diario**. Cuando llevas un diario, comienzas a hacer un balance de tu vida. Significa que te vuelves más consciente de cómo está cambiando tu mundo. Tomar conciencia naturalmente significa que te volverás más sensible a tu voz intuitiva. Considera la posibilidad de escribir tus sueños y todas las corazonadas intuitivas que tengas. Además, cuando notes que está sucediendo algo sincrónico, escríbelo. Por ejemplo, si notas que sigues viendo un cierto número todo el tiempo, podría valer la pena notar lo que sucede a tu alrededor y los pensamientos y sentimientos que tenías cuando apareció el número. Puede notar que hay un patrón allí. Revisa siempre tu diario. No se trata solo de escribir cosas, sino de leerlas más tarde para ayudarte a comenzar a detectar la intuición en el trabajo en tu vida.
2. **Prueba el trabajo energético**. Naturalmente, te vuelves más sensible a las energías sutiles cuando haces trabajo energético como reiki o qigong. Como ya sabes, la intuición puede hablarte a través de energías sutiles además de tus emociones.

Por lo tanto, cualquier forma de energía funciona, y te ayuda a comenzar a captar las vibraciones. Esto va incluso más allá de la cartomancia, ya que te adaptas a leer a las personas porque has estado practicando cómo trabajar con la energía.

3. **Exprésate creativamente.** Hay algo en el proceso creativo que hace maravillas a la hora de abrir tus habilidades intuitivas y hacerlas más pronunciadas. Debes hacerlo, ya sea escribiendo, pintando o haciendo música. Lo maravilloso de las actividades creativas es que son una excelente manera de evitar tu mente lógica y racional y acceder al lado intuitivo de ti mismo.

4. **Es una buena idea pasar todo el tiempo que puedas cerca de la naturaleza.** Cuanto más tiempo pases en la naturaleza, conectándote con un mundo natural que está naturalmente alineado con las energías espirituales y las energías sutiles, mejor entenderás cuando sea tu intuición la que hable.

5. **Por último, encontrarás mucho valor en la soledad.** Esto no significa que nunca debas tener amigos, salir o comunicarte con tu familia. Solo significa que debes practicar la búsqueda de tiempo para retirarte y estar solo cada día. Esto se debe a que necesitas distinguir entre tu voz intuitiva y tus pensamientos, así como tu voz intuitiva frente a la de otras personas a tu alrededor. Necesitas estar separado un poco todos los días porque así es como te familiarizas con la voz del espíritu, y esto te ayudará mucho y te ayudará con la precisión de tus lecturas.

Cultivar una mente abierta

Trabajar con tu intuición implica tener una mente abierta y receptiva. Si tu mente está cerrada y constantemente cuestionando las cosas, entonces lo más probable es que no tengas mucho éxito con tus lecturas. Por lo tanto, hay algunas cosas que debes considerar incorporar a tus prácticas diarias:

- Practica despejar tu mente antes de empezar a leer.
- Deja de lado el deseo de que una lectura vaya de una manera específica. Cada lectura es única y no siempre tiene que desarrollarse como crees que debería.

- Haz tu mejor esfuerzo para no juzgar. Tu único trabajo es canalizar el mensaje de las cartas y nada más. Jugar a ser juez, jurado y verdugo durante la lectura no es tu trabajo.
- Debes desarrollar confianza en tu sabiduría interior. Esta es la única forma en que puedes seguir fomentando tu intuición para que te proporcione toda la información que necesitas y la recoja con precisión.
- Siempre debes ser compasivo contigo mismo. Solo estás aprendiendo, lo que significa que cometerás algunos errores. No es una buena idea castigarse solo porque te equivocas en algunas cosas mientras aprendes a convertirte en un maestro de cartomancia. Así que, date un poco de tiempo y amor.
- Cuídate física, mental y emocionalmente, y descubrirás que tu intuición mejora.

Sigue todos los consejos que se ofrecen en este capítulo. Descubrirás que cada día eres mejor trabajando con tu intuición en cada situación, no solo durante tus lecturas de cartomancia. Ahora que entiendes cómo desarrollar el músculo de tu intuición, la pregunta es: *¿hay algo más en la cartomancia?* En el próximo capítulo, aprenderás algo de cartomancia avanzada.

Capítulo 9: Cartomancia avanzada

Las técnicas que aprenderás en este capítulo no son para los novatos. Puedes probarlas si eres nuevo en la cartomancia. Aun así, sería mucho mejor que comprendieras los conceptos básicos antes de intentar cualquiera de estos métodos.

La tirada rueda de la fortuna

En el tarot, hay una carta conocida como la rueda de la fortuna. Esta carta representa la energía de los ciclos, el azar, los cambios y la fortuna. Sus aspectos más oscuros incluyen la repetición, el destino y las recurrencias. Hay una tirada que se basa en esta carta en particular. Esta tirada se fundamenta en la idea de las estaciones, que recuerda a la idea de los ciclos representados por la rueda de la fortuna. Lo que pasa con los ciclos es que no puedes escapar de ellos. Y de la misma manera, no se pueden hacer retroceder las manecillas del tiempo.

A medida que prestas atención a las estaciones de la vida, te das cuenta de que hay un momento para actuar y otro para quedarte atrás y observar. Es importante

La carta del tarot de la rueda de la fortuna representa el cambio [14]

detectar las armonías que son naturalmente inherentes a la vida para que podamos fluir con ellas. La mayoría de las personas viven sus vidas tratando de forzar que las cosas sucedan cuando deberían estar descansando o hibernando. Los seres humanos no están divorciados de la naturaleza. Por lo tanto, debes seguir su ritmo. De lo contrario, te encontrarás viviendo una vida de miseria. Esta es la sabiduría encarnada en la carta de la rueda de la fortuna y el concepto de la rueda en sí.

Un buen momento para usar esta tirada es cuando quieras ver los eventos de tu vida desde una perspectiva amplia o ver cómo ha sido tu año hasta ahora y cómo ha cambiado tu vida desde el comienzo de un nuevo año.

La tirada de la rueda de la fortuna tiene seis cartas. La primera carta que se reparte es la carta del yo en el medio y a la izquierda. Representa cuál es tu estado actual. La segunda carta es la carta de entorno, que va a la derecha de la carta de yo. Esto habla sobre el mundo en el que te encuentras y cómo influye en ti y en tus acciones. La tercera carta es la carta de invierno, la carta individual en la parte superior de la fila central de cuatro. Esta carta te permite saber que es hora de descansar o hibernar para que puedas recuperar tus fuerzas. Habla de que necesitas tomarte un descanso en este momento o que necesitas renovarte.

La cuarta carta es la carta de primavera, que se encuentra en el extremo izquierdo de la cuarta fila. Esta carta te habla de tu crecimiento. Te mostrará lo que está empezando a ser en tu vida o lo que está cobrando impulso.

La quinta, o carta de verano, está en la parte inferior de toda la tirada y representa la abundancia. Este es un momento de tu vida en el que todo florece plenamente. Por lo tanto, te llama a apreciar o estar agradecido por lo bueno en tu vida en este momento.

La sexta es la carta de caída, en el extremo derecho de la fila de cuatro cartas. Representa la pérdida o el fallecimiento. Se trata de lo que debes dejar ir o de lo que está saliendo de tu vida ahora.

Trabajar con la tirada de la rueda de la fortuna es fácil ahora que entiendes cómo se distribuyen estas cartas y sus significados. Recuerda que todo lo que tienes que hacer es aplicar los conceptos de los capítulos anteriores sobre la interpretación de las cartas entre sí.

La tirada del tarot del zodiaco

La tirada del zodíaco también se llama la tirada de la astrología de las 12 casas. Se usa comúnmente con una baraja de tarot. Puedes leerla de una o dos maneras, ya sea de forma informativa o predictiva. En otras palabras, puedes interpretarla deduciendo el significado de la casa astrológica de cada carta, o puedes usar cada carta para representar un mes del año y predecir cómo puede ser tu mes.

Dado que la tirada del zodíaco funciona con todas las casas astrológicas, de las cuales hay 12, es una buena tirada para que la utilices cuando sólo busques una idea general de hacia dónde va tu vida. Las 12 casas astrológicas también representan los 12 aspectos diferentes de tu vida. Por lo tanto, si quieres hacer algunas preguntas realmente puntuales como cómo será tu vida amorosa durante el próximo año, esta es una excelente variedad con la que trabajar.

Necesitas saber algunas cosas antes de empezar a trabajar con esta tirada. En primer lugar, hay muchas variaciones del del tarot del zodiaco, y aprenderás una de las más fáciles. Si tienes algún conocimiento de astrología, podría valer la pena investigar las otras formas más complicadas de trabajar con esta tirada.

Otra cosa que debes recordar es que es mejor hacer esta lectura de vez en cuando. En otras palabras, no es algo con lo que trabajes todos los días para planificar tus semanas. Lo mejor sería usar esto para planificar el año, o al menos cada trimestre. También es una excelente opción para trabajar cuando es tu cumpleaños. Si te preocupa cómo se supone que debes recordar las 12 casas astrológicas, lo bueno es que siempre puedes encontrar esta información en Internet. Trabajarás con 12 o 13 cartas para configurar la tirada del tarot del zodiaco. La decisión final depende de ti. Estas cartas se colocarán en un círculo.

Primero, baraja y corta el mazo, y luego pones la primera carta en el extremo izquierdo. Esta carta estará en la posición de las 9 en punto. A continuación, colocará las cartas restantes sobre la mesa o en sentido contrario a las agujas del reloj, colocando una carta por cada hora de su reloj imaginario. Si estás trabajando con una carta número 13, colócala en el centro del círculo que has creado. Es importante conocer la astrología porque debes entender que cada carta representa las diversas casas y signos del zodíaco, empezando por aries.

La primera carta representa el **signo solar**. Tu signo solar es el signo astrológico general sobre el que la gente te pregunta cuando te preguntan cuál es tu signo. Está asociado con la primera casa o la casa del ser. Representa tu personalidad general, cómo ves la vida y te presentas al mundo. Se trata de analizar cómo te ves a ti mismo y cómo te perciben los demás. Esta casa también representa su salud.

La segunda carta representa la **casa del valor y las posesiones**. Demuestra cómo te relacionas con tus finanzas y tus posesiones materiales. Se trata de tu sentido de seguridad en la vida y de cuánto puedes ganar. La segunda carta también tiene que ver con tu autoestima. Te muestra las cosas que más valoras en la vida.

La tercera carta representa la **casa de la comunicación**. Se trata de tu familia y de las demás personas que te rodean, de quién te conoce y a quién conoces. Es importante tener en cuenta que no incluye a tus hijos, cónyuge o padres. Esta tercera carta también se refiere a tu viaje. Si estás trabajando con un tarot, obtener seis espadas en esta ubicación puede mostrar que podrías estar a punto de mudarte a un lugar nuevo. La comunicación y la escritura también están bajo el ámbito de esta tercera carta.

La cuarta carta representa la **casa del hogar y la familia**. Muestra tus relaciones con las personas en el hogar, especialmente con tus hijos y padres. Esta carta es una representación de todos los apegos que has reunido a lo largo de tu vida. Se trata de tus verdaderas raíces y de cómo es la vida doméstica para ti. También tiene que ver con su estabilidad y seguridad emocional, especialmente en lo que respecta a los lazos familiares.

La quinta carta se correlaciona con la **casa de la astrología**, la **casa de la creatividad**. Se trata de las cosas que más te apasionan y de cómo expresas tus emociones físicamente. Esta carta trata sobre los pasatiempos que te gustaría hacer para divertirte y cómo abordas la resolución de problemas. También es bastante informativa sobre el tipo de amante que eres para tu pareja. Con esta carta correlacionada con la casa 5, podrás aprender lo que amas en los demás y lo que te enamora.

La sexta carta es sobre tu trabajo y está asociada con la **casa de servicio**. No solo demuestra lo saludable que eres por dentro, sino que también habla sobre tu cuidado personal, tu higiene personal, la forma en que te alimentas, etc. Esta carta trata sobre cuáles son tus hábitos diarios.

La séptima carta representa tus asociaciones y se correlaciona con la **casa de las relaciones.** Se trata de cómo tratas las relaciones que tienes en tu vida, románticamente o de otra manera. Te permite conocer el tipo de persona que trabajaría mejor contigo, independientemente de tu esfuerzo. Incluso los enemigos son compañeros, así que tenlo en cuenta mientras lees esta carta.

La octava carta representa tus secretos. Está conectada con la **casa de la transformación,** todo sobre todo lo que nadie quiere discutir, como el sexo y la muerte. Esta carta trata sobre lo que otros te dan, como regalos, herencias o ganar un premio o la lotería. Considera lo que esta carta te depara cada vez que quieras tomar una decisión financiera importante. La octava casa es el contenedor de tu fuerza vital y poder sexual. En este contexto, el poder sexual no se trata de hacer el amor, que es el ámbito de la quinta casa, sino que se trata más bien de la principal fuerza motriz de tu vida.

La novena carta está conectada con la **casa del propósito**, que tiene que ver con tu crecimiento personal y tus sueños. Se trata de cómo puedes seguir estirando y expandiendo tu conciencia. Esto incluye viajes, educación superior, filosofía, espiritualidad y religión.

La décima carta representa tu carrera y la **casa del estatus social.** Representa cómo te ves. No se trata de cómo te presentas deliberadamente, ya que esa sería la primera casa, sino de cómo te ven los demás. Se trata de la forma en que haces realidad tus sueños y cumples con las expectativas que tienes de ti mismo. Esta carta tiene que ver con tu carrera y tu posición financiera.

La undécima carta está relacionada con la **casa de las amistades.** Se trata de tus amistades casuales, conexiones sociales, las personas que te conocen y cómo interactúas con ellas. También tiene que ver con la caridad, arrojando luz sobre cómo te sientes acerca de la generosidad y las causas dignas.

La duodécima carta representa tu yo en la sombra. Está correlacionada con la **casa 12 de la astrología, la casa del subconsciente.** A veces es posible que escuches que se refieren a ella de manera ominosa como la **casa de los dolores,** y esto se debe a que está profundamente conectada con los problemas psicológicos que aún no has abordado. Esta casa demuestra las cosas que te agobian y te mantienen despierto por la noche y la prisión autoimpuesta que has creado a tu alrededor a través de tus creencias limitantes. Es una carta que muestra los enemigos que se esconden en su interior y de los que quizás no seas consciente, así como los peligros de los que aún no te has vuelto consciente. Es esta carta la que te mostrará si estás viviendo a la altura del potencial de tu vida o no.

Por último, está la decimotercera carta, que demuestra el tema general de la lectura que estás realizando. Es una carta opcional; Sin embargo, si estás trabajando con ella, te dará aún más claridad sobre de qué se tratan las otras cartas.

Sistemas especializados

Hay mazos y sistemas especializados con los que puedes trabajar para que tu práctica de cartomancia no solo sea avanzada, sino que también te brinde las interpretaciones y lecturas más detalladas de la historia. Ya conoces algunos de estos sistemas, como las cartas de Lenormand, las cartas de Kipper y las cartas del tarot. Sin embargo, puedes incorporar otros sistemas como las piedras rúnicas, la numerología y la astrología. Estas son solo algunas formas de ajustar tus lecturas de cartomancia para obtener un significado más profundo.

Las piedras rúnicas, por ejemplo, son poderosos símbolos antiguos en la adivinación nórdica. Las piedras suelen estar hechas de piedras reales o madera. En cada una, encontrarás un símbolo rúnico grabado en él. Cada símbolo representa diferentes aspectos de la vida y ofrece orientación a su manera. Para interpretar las runas con precisión, debes entender lo que significa cada una y determinar lo que implicarían las distintas combinaciones. Sin embargo, las runas están fuera del alcance de este libro. Pero si aprendieras sobre ellas, serían una maravillosa adición a tu práctica de adivinación con cartas.

Ya has sido testigo a través de la difusión del zodíaco de cómo es posible incorporar la astrología en tus lecturas. Sin embargo, es importante saber que no es necesario usar solo la tirada del zodíaco para los significados astrológicos. Siempre puedes incorporar la astrología asignando varios planetas astrológicos o significados a las cartas.

La numerología también es una excelente manera de hacer que tu sistema de cartomancia sea aún más especializado. Esto ya se ha mencionado en un capítulo anterior, donde también se discutió el significado de los números. Valdría la pena sumergirse aún más en la numerología. No solo puedes usar la numerología trabajando con los números que ya están en las cartas, sino que también puedes trabajar con los números contando o tomando nota de los órdenes en los que se colocaron las cartas en la mesa durante tu lectura.

Cuando mezcles y combines diferentes sistemas de cartomancia y adivinación, encontrarás que los resultados de tus lecturas son poderosos. Esto se debe a que tienes acceso a muchos más símbolos y significados y es imposible no tener una perspectiva más rica de la situación sobre la que estás haciendo preguntas. Puedes combinar diferentes barajas especializadas o comenzar con una tirada de tarot para que puedas entender los temas generales y luego pasar a una baraja de Lenormand para obtener los detalles. No hay reglas estrictas para practicar la cartomancia.

El próximo capítulo explorará los diferentes enfoques de la cartomancia. Al observar estos diferentes enfoques, tendrás una comprensión mucho más profunda de cómo funciona la lectura de cartas para que puedas desarrollar tu propio sistema.

Capítulo 10: Diferentes enfoques de la cartomancia

Hay muchos enfoques que puedes adoptar cuando se trata de cartomancia. No existe tal cosa como el único camino que debes tomar. De hecho, hay tantos enfoques como practicantes de cartomancia. Por lo tanto, no debes sentirte restringido a tomar una sola ruta. En este capítulo, aprenderás sobre los diferentes enfoques con los que puedes trabajar para leer las cartas de manera precisa e intuitiva para ti y las personas que buscan tus servicios.

Se pueden adoptar muchos enfoques para comprender la cartomancia [15]

El enfoque analítico

Cuando lees las cartas utilizando el enfoque analítico, implica que estás tomando lecturas realmente complejas, dividiéndolas para que sean más simples y fáciles de entender. En otras palabras, estás tomando el todo y dividiéndolo en partes más pequeñas, lo que te facilita el uso de la razón y la lógica para interpretar lo que obtienes de las cartas. Estás haciendo un análisis crítico y trabajando sistemáticamente para descubrir su verdadero significado.

Lo primero es analizar las cartas una tras otra. En otras palabras, en lugar de averiguar cómo dos cartas generan un significado completamente nuevo fuera de lo que cada una representa, debes mirar cada carta individualmente. Considerarás los significados tradicionales, lo que la carta significa para ti personalmente y su simbolismo. Fíjate en los colores y las imágenes de la carta para averiguar las impresiones que estás obteniendo de ella a nivel energético.

Trabajar analíticamente significa que también debes considerar las relaciones entre las cartas. Por lo tanto, piensa en qué tan cerca están en términos de posiciones (cuanto más cerca estén las cartas en un tirada, más fuerte será su influencia entre sí). Considera cómo son en términos de orientación. ¿Hay alguna carta que esté invertida junto a otra que esté en posición vertical? ¿Qué carta viene primero? Piensa en las diversas conexiones, oposiciones o patrones que aparecen.

Debes poner en juego la lógica y la razón. Esto significa que usarás el razonamiento deductivo y algo de pensamiento crítico para determinar lo que las combinaciones de cartas están tratando de decirte. Esto no significa que no usarás tu intuición en este enfoque. Sin embargo, dependerás principalmente de tu mente lógica para este proceso.

Debes tener un marco establecido que te permita analizar fácilmente las cartas cada vez. No te saldrás con la tuya por no prestar atención a los detalles cuando elijas el método analítico de cartomancia. Este enfoque consiste en ser lo más objetivo posible a la hora de interpretar las cartas.

Enfoque predictivo

Elegir la ruta predictiva en lugar de la ruta analítica implica que interpretarás las cartas para averiguar qué podría suceder en el futuro con respecto a una determinada situación. También tendrás que trabajar con símbolos porque tienes que interpretar los significados de los símbolos en relación con los posibles resultados futuros. Cada carta tendrá su arquetipo, energía y situación únicos que puedes usar para sacar conclusiones sobre lo que podrías esperar por venir.

Otro elemento importante de este método de enfoque es el tiempo y la progresión de las cosas. Es posible que desees pensar en dónde están las posiciones de las cartas, la astrología, la numerología y otras metodologías para averiguar cuándo sucede algo, qué sucederá y en qué secuencia. Esto te facilita la creación de una línea de tiempo de los posibles eventos que pueden ocurrir.

Al trabajar con un enfoque predictivo, ten en cuenta la probabilidad de que ocurra algo específico sobre otra cosa. En otras palabras, debes considerar que habrá alternativas a tus posibles predicciones futuras. Cuando permites cierta flexibilidad aquí, te da más espacio para predicciones matizadas. Te permite estar mejor preparado para cualquier escenario que se te presente.

Cuando se trabaja con un enfoque predictivo, hay que ser lo más ético posible. En otras palabras, si estás haciendo una lectura para otra persona, debes seguir haciéndole entender al consultante que sus resultados no son necesariamente inamovibles y siempre pueden cambiar. Debes apoyar a quien hace preguntas ayudándole a entender que está a cargo de su destino. No existe tal cosa como algo que esté fijado en piedra con respecto a sus resultados de cartomancia.

Abordaje terapéutico

Puedes trabajar con un enfoque terapéutico cuando quieras utilizar las lecturas para ayudarte a crecer personalmente o reflexionar sobre tu vida. También puedes usarlo como una herramienta de curación. Las cartas pueden ayudarte a comprender lo que está sucediendo con tu salud y bienestar emocional, psicológico y espiritual. Un enfoque terapéutico de la cartomancia tiene como objetivo que seas más consciente de ti mismo, y puede ayudarte con el empoderamiento en esa área.

Este enfoque de la lectura de las cartas implica mucha introspección y autorreflexión. Las cartas actúan como un espejo que te muestra cómo has estado pensando y sintiendo tanto consciente como inconscientemente y cómo todo esto se ha unido para crear la vida que has vivido hasta ahora. Por ello otra cosa a tener en cuenta es que debes explorar tus emociones cuando trabajas con este enfoque. Debes pensar en tus emociones y en lo que las está causando. En otras palabras, las cartas actuarán como una pala para cavar debajo de la superficie y descubrir lo que sea que se encuentre debajo emocionalmente. De esta manera, puedes dejar ir los bloqueos que te impiden experimentar claridad y progreso en la vida.

El enfoque terapéutico también implica que usarás las cartas para ayudarte a sanar cualquier herida que sufras emocional y espiritualmente. Puedes usar las cartas con este enfoque para lidiar con los desafíos y obstáculos en tu camino para sentirte más empoderado y tomar el control de tu vida.

Este enfoque también implica trabajar con símbolos y metáforas. Debes estar en contacto con tu lado empático y compasivo porque es importante no juzgar mientras haces consultas en tu nombre o en el de otra persona. Con este método, puedes establecer tus intenciones y objetivos en función de la información que obtengas de las cartas. Si lo deseas, también puedes integrar este enfoque terapéutico de la cartomancia con otras terapias como la psicoterapia, el asesoramiento o la sanación energética. Todo esto aumentará los resultados que obtengas de tus sesiones de lectura de cartas.

El enfoque narrativo

En cartomancia, el enfoque narrativo implica trabajar con historias para entender lo que dicen las cartas. Como lector, elaborar una narrativa que ofrezca ideas y una guía clara es tu trabajo. Una de las primeras cosas que debes hacer es crear la historia, lo que significa que debes mirar las cartas como si estuvieran tratando de contarte una historia. Debes considerar las cartas como una sola, buscando los personajes, las tramas y otros elementos que normalmente encuentras en una historia.

Otro elemento importante de este enfoque narrativo requiere considerar la secuencia de las cartas en sus colocaciones. Esta secuencia te ofrecerá más comprensión a medida que elaboras la historia, que debe provenir de la intuición. No debes sentir que estás forzando el proceso. A medida que leas las cartas en formato de historia, puedes recurrir a tus experiencias personales para ayudarte a desarrollar su mensaje. Además de tu experiencia personal, debes incorporar arquetipos y simbolismos universales para ofrecer una lectura que capte con precisión los mensajes de las cartas.

El enfoque experimental

La cartomancia es un campo que ha seguido evolucionando con el tiempo. Esto implica que a diario se están elaborando nuevos métodos y tecnologías para aprovechar la lectura de la información de las cartas. Cuando trabajas con el enfoque experimental, significa que debes mantener una mente abierta y receptiva, una que esté dispuesta a pensar fuera de los prejuicios. Significa que debes estar dispuesto a adaptarte a los tiempos. Hoy en día, todo es digital. Por lo tanto, debes estar dispuesto a aceptar que las lecturas digitales pueden ser y de hecho son válidas.

El enfoque experimental de la lectura de cartas significa que debes trabajar con la tecnología para ver cómo puede ayudarte. Esto significa crear herramientas y plataformas digitales a las que su usuario final pueda acceder fácilmente para obtener la información necesaria que busca. La ventaja de trabajar con tecnología es que no es necesario estar presente para que el consultante obtenga una lectura. Si el usuario final de tu plataforma digital está en contacto con su intuición y mantiene la mente abierta, no hay nada de qué preocuparse. Su lectura será tan precisa y útil como la de una sesión de cartomancia tradicional en persona. Naturalmente, las energías del mundo espiritual, que lo impregnan todo, también trabajarán a través de la programación y entregarán el mensaje requerido por el consultante.

Ser un experimentador también implica que debes estar en paz con la creación de nuevas tiradas para abordar situaciones únicas. Claro, te han ofrecido una gran cantidad de formas en las que puedes trabajar con cartas. Sin embargo, eso no significa que no puedas crear tus propias tiradas. Al fin y al cabo, los spreads comunes que se utilizan hoy en día fueron creados por alguien, ¿no? Así que, como cartomante experimental, nada te impide hacer lo tuyo si lo encuentras más eficiente. Debes asegurarte de que estás trabajando con tu intuición para crear la extensión correcta o hacer los cambios correctos en el momento adecuado contextualmente. Por ejemplo, es posible que se te lleve intuitivamente a combinar varios sistemas de forma única, lo que te dará una visión mucho más profunda de lecturas mucho más completas de lo habitual.

La cartomancia experimentalista también implica el trabajo colaborativo. Es posible que tengas que trabajar con otros lectores y profesionales para interpretar las cartas. Esto podría ser beneficioso porque otros lectores pueden tener ciertas piezas del rompecabezas que a ti te pueden haber faltado en tus propias interpretaciones, o pueden ayudarte a ver las cosas bajo una nueva luz que te resulte beneficiosa para tus propias lecturas en el futuro.

Otra cosa interesante con el enfoque experimental de la cartomancia es que puedes trabajar con elementos artísticos para ayudarte a adivinar mejor los mensajes de tu carta. Esto podría incluir el diseño de nuevas formas de cartas que agreguen elementos interesantes a una lectura. Es posible que incluso desee incorporar imágenes y arte performativo, lo cual es posible gracias a las nuevas tecnologías.

Ser capaz de personalizar tu práctica es un principio clave de la cartomancia experimental. En otras palabras, debes crear ciertas rutinas, rituales y metodologías que funcionen para ti en particular en lugar de seguir una prescripción general para este oficio. Cuando personalizas la práctica de esta manera, mejoras tus resultados. Descubrirás que tus lecturas son muy precisas, y rara vez tendrás que preguntarte qué dicen las cartas porque tienes un sistema probado y que funciona.

Por último, está el aspecto inconfundible de la investigación y exploración constantes. Esto significa revisar las viejas formas de hacer las cosas y mirar las tecnologías y metodologías emergentes para crear nuevas y mejores formas de recibir información del reino espiritual a través de las cartas.

Averiguar el enfoque

Supongamos que te preguntas cuál es el mejor enfoque a seguir con respecto a la cartomancia. En ese caso, dependerá de tus creencias sobre el oficio y de tus objetivos y preferencias. Por un lado, debes reflexionar sobre ti mismo. Piensa en las cosas que te interesan y en cuáles son tus puntos fuertes. Reflexiona sobre si eres más un pensador analítico (lo que significa que el enfoque analítico es para ti) o si lo haces mejor con tus sentimientos (lo que podría implicar que deberías ser mejor como un cartomante intuitivo). Supongamos que te inclinas por el trabajo terapéutico y te encanta jugar y experimentar. Eso debería indicarte que te iría bien con una combinación de enfoques terapéuticos y experimentales.

Lo siguiente que debe hacer es familiarizarse con los diversos enfoques. Esto significa que tendrás que leer varios libros, ver videos en YouTube y hacer una investigación intensa para descubrir las diferentes filosofías que rodean a la cartomancia, porque hay muchas. Incluso puedes asistir a talleres y tomar cursos para aprender de personas experimentadas para ver qué es lo que hace flotar tu barco. Este período de exploración te ayudará a determinar las diferentes perspectivas y a desarrollar tu combinación única de enfoques.

Es importante tener en cuenta que habrá una inevitable fase de prueba y error en la que intentará ver qué funciona y qué no. Te ayudará si continúas practicando y tomando nota de lo que funciona para ti. Fíjate en cómo va tu experiencia y en lo conectado que te sientes con las cartas y el proceso de lectura. Presta atención a cuánto más preciso eres cuando usas una metodología sobre otra. Inevitablemente, crearás tu método único de trabajar con las cartas experimentando constantemente de esta manera.

Sería negligente no mencionar que tu intuición será un factor importante aquí. Por lo tanto, siempre debes confiar en la orientación que recibes desde adentro mientras trabajas para determinar tu enfoque. Si sientes que algo anda mal para ti, no dudes en dejarlo. Si funciona, debería ser parte de su arsenal de cartomancia.

Tener a alguien que actúe como tu mentor sería útil. Trabaja con aquellos que tienen más experiencia que tú. Busca comunidades de personas que hagan lo mismo que tú, y te encontrarás mejorando en lo que haces y creando gradualmente un nicho para ti. Ahora bien, ¿qué vas a hacer con toda esta información? La pelota está en su cancha. ¡Que el espíritu te guíe en tu viaje con las cartas!

Conclusión

Finalmente has llegado al final de este libro, y en este punto, deberías saber lo suficiente sobre la cartomancia para comenzar tu viaje. Recuerda que esto es algo que requiere de tu intuición para tomar la iniciativa. Esto significa que debes acercarte a la práctica con confianza y fe. Ten mucha curiosidad y cero expectativas sobre cómo te resultará.

Muchos principiantes caen en la trampa de sentirse frustrados y enojados consigo mismos porque no están obteniendo los resultados que esperaban. No debes desmoralizarte. Este oficio, como cualquier otra habilidad, tomará tiempo aprenderlo. Por lo tanto, ten paciencia contigo mismo y confía en que cuanto más trabajes con tu intuición, al igual que cualquier músculo, más fuerte se volverá.

La cartomancia es una habilidad poderosa que puedes usar para mejorar no solo tu vida, sino también la vida de quienes te rodean. Es un esfuerzo digno del que formar parte, y el hecho de que hayas elegido este libro y lo hayas leído hasta este punto indica que debes ser llamado a practicar este oficio. Siempre que te sientas frustrado por tus resultados, recuerda que no se trata de *si* mejorarás, sino de **_cuándo_**.

¡No tiene sentido leer este libro si no practicas lo que has aprendido! El hecho de que entiendas cómo funciona algo no significa que seas automáticamente un profesional. De la misma manera, no esperaría ser un conductor profesional simplemente leyendo un libro sobre conducción o viendo un video. Tienes que trabajar tú mismo.

Por lo tanto, debes conseguir tu primer mazo y conocer tus cartas lo antes posible. Cuando las cosas finalmente comiencen a encajar, ¡te preguntarás cómo podrías haber vivido sin consultar las cartas!

Segunda Parte: Simbolismo celta

La guía definitiva sobre el significado espiritual de los símbolos de los celtas y su uso en el paganismo

Introducción

La antigua cultura celta ha atraído la atención y la curiosidad de las personas durante siglos debido a sus ricas tradiciones, su fascinante mitología y su profunda conexión con la naturaleza. Los celtas eran un grupo diverso de personas que habitaban varias partes de Europa, y dejaron un rico legado de simbolismo que tiene un profundo significado hasta el día de hoy. Este libro explora el profundo y cautivador reino de la espiritualidad y el simbolismo celta y enseña algunas cosas sobre la herencia celta y su significado. Aparte de la espiritualidad, la cultura celta es un complicado tapiz tejido con intrincados hilos de música, arte, folclore y misticismo.

Aunque los celtas se consideran principalmente irlandeses, también eran habitantes de Escocia y Gales. Son más conocidos por su profunda afinidad con el mundo natural, su reverencia sagrada por los ciclos de la naturaleza y los espíritus que residen en este mundo. Los vibrantes festivales y celebraciones del pueblo celta atraen la atención de los forasteros, pero el misterioso simbolismo hace grande a esta cultura. Los símbolos han desempeñado un papel central en la espiritualidad celta y han servido como la principal forma en que los celtas se comunicaban con lo divino. Cada símbolo tiene un significado espiritual y un significado más profundo detrás.

Para comprender y desentrañar el misterioso mundo del simbolismo celta, primero hay que reconocer la importancia del mundo natural en la espiritualidad celta. El paganismo y sus vínculos con la naturaleza, la tierra, los elementos naturales y los espíritus forman la piedra angular de la espiritualidad celta. Por ejemplo, con su fuerza y larga vida, el poderoso roble representa la sabiduría y la resistencia, mientras que los ríos que fluyen y los manantiales sagrados simbolizan los ciclos naturales de la vida. Los celtas creen que la hermosa interacción de estos elementos es esencial para descubrir los misterios más profundos de este mundo.

Los intrincados nudos y espirales de los símbolos celtas, también conocidos como nudos celtas, tienen un significado especial en términos de espiritualidad. Las líneas y círculos entrelazados son representativos de la interconexión de todas las cosas y de la naturaleza eterna de la vida. Aunque estéticamente interesantes, los símbolos celtas no son simplemente motivos decorativos, sino que representan significados espirituales más profundos con temas de unidad, eternidad y misterios divinos. Los celtas realmente creían que el estudio de estos intrincados patrones les ayudaría a desbloquear las capas más profundas de este mundo.

Estudiar el simbolismo celta no solo le dará una idea de la cosmovisión de los antiguos celtas y su rica herencia cultural, sino que también le ayudará a conectarse con sus prácticas espirituales. A medida que se acerca a esta exploración, es esencial ser sensible y tener una mente abierta a las diversas creencias que se discuten en este libro. Debe abordar el tema con un sentido de curiosidad en lugar de juzgar o ser escéptico. Si bien está bien ser escéptico, es inaceptable burlarse de una cultura, religión o sus creencias. Así que, abra su mente y su corazón a los misterios que le esperan, y deje que el mundo de la espiritualidad celta le cautive.

Capítulo 1: Los antiguos celtas

Se cree que la antigua cultura celta se origina en diferentes tribus que una vez habitaron los territorios de Europa occidental y central desde el año 700 a. C. hasta el 400 d. C. Inicialmente. Estas tribus compartían un idioma, una cultura y una religión. Sin embargo, después de emigrar a varias partes del mundo y traer consigo su rica herencia y cultura, comenzaron a crear una mayor diversidad. El ascenso del Imperio romano suprimió la mayor parte de la cultura celta de varios territorios. Sin embargo, aún sobrevivió en partes remotas de Europa, incluidas Irlanda e Inglaterra, donde todavía se practica. Este capítulo explora la cultura, la sociedad, el arte, la religión, las costumbres bélicas, las prácticas funerarias y otros aspectos de la vida de los antiguos celtas.

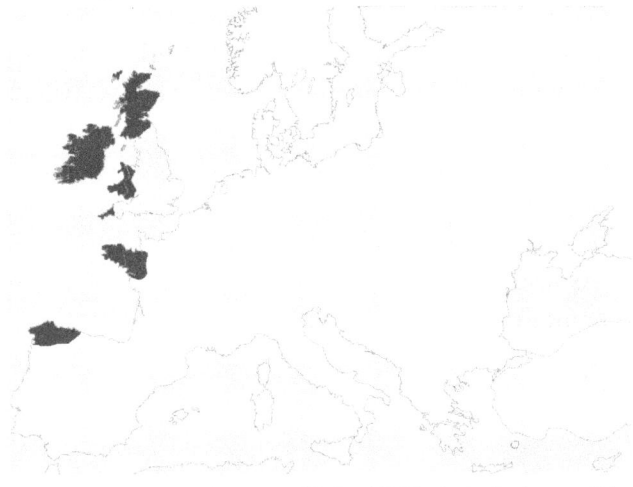

La gente a menudo relaciona a los celtas con el Reino Unido (principalmente Irlanda y Escocia) [16]

¿Quiénes eran los antiguos celtas?

Debido a la falta de registros históricos, el origen exacto de los celtas aún se debate entre los historiadores. A lo largo de los siglos, gran parte de la antigua historia celta se perdió, y lo que se sabe de su cultura se ha reconstruido a partir de tradiciones orales transmitidas de generación en generación y ejemplos supervivientes de su intrincado arte.

Los antiguos celtas eran un grupo de tribus que hablaban las lenguas celtas y vivieron durante la Edad de Hierro. Los historiadores creen que los celtas se originaron a partir de la cultura Hallstatt, que se puede rastrear a través de registros y hallazgos de los artefactos de la Edad del Bronce y principios de la Edad del Hierro. Con el tiempo y debido a diferentes circunstancias, los celtas poblaron múltiples territorios europeos, incluidos los actuales Francia, Italia, Alemania, Polonia, España y Gran Bretaña. Después de su difusión, las tribus celtas se dividieron en grupos como los galos, los britanos, los gaélicos, los celtíberos, los gálatas y otros, creando una gran diversidad entre las tribus y dificultando la definición de su estructura cultural. Además, las tribus a menudo se involucraban en guerras con los romanos, que tenían gran parte de la historia registrada de los celtas, pero estaba teñida de malentendidos sesgados debido al conflicto en ese momento.

Hacia el año 300 a. C., las tribus celtas habitaban la mayor parte de Europa. Después de que los romanos comenzaran una campaña contra los celtas, destruyeron muchas de sus civilizaciones en el continente europeo. Inicialmente, los romanos intentaron invadir la Britania celta. Sin embargo, no pudieron conquistar muchas de las islas, ni las regiones del extremo norte, donde los celtas habían logrado establecer su nuevo hogar. Hasta el día de hoy, las tradiciones culturales de Irlanda, Escocia y Gales se remontan a los antiguos celtas.

Las tradiciones celtas todavía existen en otras partes de Europa, incluida la región de Asturias en el norte de España. Los celtas que vivieron allí se convirtieron en los gálatas, y la supervivencia de sus tradiciones en Asturias significa que, hoy en día, comparten una herencia cultural con regiones celtas como Irlanda y Escocia.

Sociedades celtas

A falta de registros escritos de primera mano, es casi imposible discernir la estructura exacta de la antigua sociedad celta. Dicho esto, a partir de los escritos de diligentes autores romanos, se puede concluir que las tribus celtas seguían un sistema jerárquico que les permitía mantener la estabilidad en sus comunidades. Es probable que este sistema jerárquico tuviera las siguientes clases:

1. **Los gobernantes y guerreros de élite**: una capa limitada de la sociedad con muchos privilegios y deberes.
2. **Los líderes religiosos y los druidas**: los repositorios vivos del conocimiento colectivo de la comunidad celta. También estaban exentos de pagar impuestos o participar en el servicio militar.
3. **La mano de obra especializada de la sociedad.** Entre ellos se encontraban artesanos, agricultores, comerciantes y esclavos. Este era el grupo más numeroso, compuesto por individuos menos educados.

Otro dato fascinante sobre la sociedad celta era cómo trataban a las mujeres. La evidencia histórica sugiere que hubo varias jefas en la Britania celta y también muchas monarcas. Estas poderosas mujeres eran responsables de gobernar a las tribus y llevarlas a la batalla. En las sociedades celtas, los hombres y las mujeres recibían el mismo trato para los elaborados ritos funerarios y las ofrendas. Los hallazgos arqueológicos prueban que la misma cantidad de posesiones que representan un alto estatus fueron enterradas con líderes masculinos y femeninos de muchas tribus celtas.

La sociedad celta de la Edad del Hierro se estructuró en torno a la monarquía. Después de que la sociedad se dividiera en diferentes tribus, cada una fue dirigida por su propio rey. Sin embargo, también eran reyes altos y bajos, los cuales eran elegidos bajo un sistema de tanastria. El sistema de tanastria era una costumbre de larga data entre las tribus celtas, particularmente en Irlanda y Escocia, pero evolucionó y finalmente se transformó en el sistema feudal, que determinaba al hijo primogénito como sucesor de la familia.

Con el tiempo, el sistema de gobierno cambió para incluir a jefes y funcionarios electos. Algunas tribus también tenían un pequeño consejo de ancianos responsables de tomar las decisiones de gobierno en su comunidad. A menudo, dos o más tribus celtas separadas se fusionaban para la ayuda y el beneficio mutuos. Como resultado, una o ambas tribus dependían unas de otras para obtener recursos y sistemas de gobierno. La fusión a menudo era necesaria debido al inminente avance de los romanos y la amenaza que representaban para los celtas.

Los aristócratas celtas utilizaron el sistema de mecenazgo que establecieron con sus seguidores para mantener su estatus distinguido y, a menudo, muy codiciado. Ofrecían a sus simpatizantes hospitalidad, apoyo monetario, diferentes recompensas y protección legal a cambio de trabajo. También se esperaba que siguieran a los aristócratas a la batalla y los protegieran cuando fuera necesario. Los celtas de mayor estatus tenían clientes de diferentes clases. A veces, los jefes y reyes de menor rango trabajaban con aristócratas con un estatus social y poder más altos.

El sistema monetario celta se basaba principalmente en un simple sistema de trueque. Esto implicaba el intercambio de artículos y servicios entre dos o más personas sin dinero. Si bien esto era una gran parte de la sociedad celta, también creía que los celtas usaban alguna forma de proto-dinero. El anillo moneda celta es la moneda más comúnmente referenciada entre los celtas de la Edad de Hierro. Los anillos de oro y cobre eran la moneda común en el sistema que utilizaba el anillo moneda. Estos anillos a menudo se usaban en la ropa o se ataban con cuerdas para facilitar su intercambio de bienes y servicios. Además del dinero del anillo, las campanas de bronce y las cabezas de hacha también sirvieron para ser una moneda primitiva.

Cultura y religión

Los marcadores culturales celtas variaron significativamente entre las diferentes tribus. Todas estas tribus fueron etiquetadas colectivamente como "celtas", lo que algunos historiadores modernos consideran problemático porque las tribus en las diferentes partes del mundo no seguían una tradición unificada. Existían por separado en territorios dispersos, y la cultura celta se extendió y evolucionó con el tiempo. Cambió más drásticamente durante la Edad de Hierro europea debido a sus interacciones con otras culturas y sistemas de creencias y a las continuas migraciones. Inicialmente, probablemente tenían los mismos antecedentes culturales, creencias y costumbres. Sin embargo, una vez que se dispersaron tanto que las tribus ni siquiera estaban en contacto directo entre sí, tenían cada vez menos elementos culturales en común.

Los historiadores convienen que la cultura celta se originó a partir de tres grupos culturales principales estrechamente relacionados entre sí. Estos grupos tenían las facetas indoeuropeas prominentes en las que se basa la cultura celta (y varias otras culturas paganas europeas). El primer grupo, la cultura de los campos de urnas, se remonta a finales de la Edad del Bronce. Reciben su nombre por su práctica generalizada de almacenar los restos cremados de sus muertos en urnas o enterrar las urnas con los restos. Aunque no hay evidencia arqueológica que demuestre la existencia de este grupo, esta tradición fue posteriormente ampliamente adoptada por las tribus celtas. La herrería se hizo más prominente después de la transición de la Edad del Bronce a la Edad del Hierro. Esto también se evidenció en los cambios en la cultura celta.

Llamada así por el lugar de nacimiento de su tribu original en Austria, la cultura de Hallstatt se dispersó rápidamente por Europa, conquistando territorios como Suiza, Austria, Alemania, Francia y Bohemia. La rápida dispersión de esta cultura por Europa se atribuye a factores como el comercio, los matrimonios, las alianzas tribales y la migración. También se sabe que estas tribus tenían una gran cantidad de depósitos de sal, hierro y cobre, y dominaron cómo comerciar con ellos a través de las vías fluviales. Por ejemplo, llevaban sus mercancías al Mediterráneo y las intercambiaban por joyas de oro y ámbar. Esto se ve subrayado por la cantidad de estos objetos extraños encontrados en los túmulos funerarios de Hallstatt. Desafortunadamente, debido a la propagación de otras culturas y tribus y a la competencia, la reserva de recursos finalmente se agotó, lo que llevó a la desaparición de la cultura de Hallstatt, que se extinguió a principios del siglo V a. C.

El tercer grupo cultural ligado a las raíces de la antigua cultura celta es la cultura La Tene, llamada así por su presunta zona de origen en Suiza. Este grupo de tribus fue probablemente el más diversificado de las tres culturas. Había, sin embargo, algunas similitudes con las otras dos culturas en el arte, la religión y el idioma. La influencia de la cultura de La Tene se extendió por Europa occidental y central, desde Irlanda hasta Rumanía. Varios aspectos de la vida cotidiana de estos grupos se abrieron paso en la vida de las futuras tribus celtas, incluida la herrería, el arte de estilo arremolinado, las ofrendas hechas con agua y la deposición de armas en las tumbas.

Entre todas las tribus celtas posteriores, los gálatas y los britanos fueron las dos más prominentes en el establecimiento de las bases de la cultura celta. Los gálatas vivían en la región de Asturias (norte de España en los tiempos modernos). Esta tribu había luchado con éxito contra los intentos de invasión tanto de los romanos como de los moros. Los moros se estaban extendiendo a las regiones cercanas en ese momento y ya gobernaban gran parte del actual sur de España. Las tradiciones celtas gálatas tienen un papel muy importante en las celebraciones y rituales celtas. Las características culturales de las tribus gálatas se parecían mucho a la cultura celta anterior, con muchas similitudes en el arte y el simbolismo. Por ejemplo, las tribus gálatas a menudo participaban en tradiciones que incluían instrumentos musicales similares a los utilizados por las tribus celtas en otras partes de Europa, particularmente en Irlanda y Escocia.

Los britanos y los galos, las otras dos tribus celtas posteriores, se asentaron inicialmente en el noroeste de Francia (actual Bretaña). Dado que estaban más aislados que los celtas en otras partes de Europa, otras culturas no amenazaron a estas tribus y lograron conservar la mayor parte de la cultura de sus antepasados. Muchos de los festivales que se celebran se remontan a las antiguas costumbres celtas de honrar a la naturaleza y a las deidades. Si bien los romanos inicialmente no lograron invadir a los britanos, más tarde tuvieron éxito en sus intentos, empujando a los britanos a las islas cercanas a Gales y Cornualles y al norte hasta Escocia.

Las lenguas de los antiguos celtas provienen de la cultura celta. Algunos de estos idiomas todavía se usan hoy en día, como el galés. Aproximadamente un millón de personas en todo el mundo hablan galés, mientras que otros idiomas, como el córnico, tienen menos hablantes.

Guerra y artesanía

La guerra estaba profundamente entrelazada con el arte, la religión, el estilo de vida y la estructura social celtas antiguos. Los celtas adquirieron rápidamente una reputación guerrera entre las otras culturas del mundo antiguo. Sin embargo, gran parte de su reputación bárbara les fue atribuida por los romanos, que tenían la intención de hacer que los celtas parecieran mucho más aterradores e incivilizados de lo que realmente eran. Los metalúrgicos celtas utilizaban el hierro, el bronce y el oro con tremenda habilidad, y muchas de sus innovaciones tecnológicas llegaron al campo de batalla. Algunas de las técnicas modernas de metalurgia provienen de la metalurgia celta. Sin embargo, cuando se trataba de estrategias de guerra, los guerreros celtas estaban menos organizados de lo que los romanos los describían.

Los enterramientos celtas ofrecen una gran cantidad de información sobre el desarrollo de su cultura guerrera. La práctica de enterrar a los miembros prominentes de la sociedad con objetos relacionados con su estatus (líderes y personas más ricas) y la guerra (en el caso de los guerreros) se origina con los celtas. Los hallazgos arqueológicos han revelado que los enterramientos de guerreros celtas se pueden diferenciar de otras tumbas en cementerios prehistóricos por su elaborada construcción y la abundancia de elementos adicionales que contienen.

Los guerreros celtas a menudo eran enterrados con su caballo y sus armas. Los hallazgos arqueológicos también indican que vehículos como carros o carretas también llegaron a los túmulos funerarios de los guerreros celtas. A veces, los objetos enterrados eran propiedad del difunto en vida. En otras ocasiones, el entierro fue el resultado de las creencias y tradiciones locales. Por ejemplo, colocar ciertas armas (una espada, un casco o una lanza) o posesiones personales de los jefes tenía un significado religioso para algunas tribus celtas.

En toda Europa, los celtas eran conocidos por su ingenio artístico y se les atribuye la creación de intrincadas tallas de piedra y delicados accesorios de metal. La creación de la panoplia (armadura) era uno de los puntos fuertes del artesano celta. Como lo demuestran los hallazgos arqueológicos y los escritos romanos sobre los celtas, los antiguos guerreros celtas iban a la batalla armados con escudos, lanzas y espadas. Sus escudos eran largos y ovalados para proteger las partes vitales del cuerpo y, a menudo, estaban adornados con grandes protuberancias de bronce o hierro (tachuelas en el medio del escudo). Las espadas, que se llevaban en la cadera o en el costado, estaban unidas a una cadena de hierro o bronce. Las lanzas utilizadas por los celtas variaban desde las más ligeras adecuadas para el combate directo hasta las más pesadas que hacían las veces de lanzas. Al principio, la armadura celta estaba hecha de tela o cuero, pero fueron reemplazada por camisas de cota de malla alrededor del siglo IV a. C. Las cotas de malla presentaban pequeños círculos de hierro entrelazados, lo que las hacía más livianas y permitía a los guerreros mucha más libertad de movimiento. Surgieron camisas con tirantes anchos para ayudar a redistribuir aún más el peso de la camisa de cota de malla. Esto también agregó protección adicional al hombro y la espalda.

Los pectorales también se usaban entre los guerreros celtas en los siglos VI y VIII a. C. También hay registros de que los celtas usaban cascos. A pesar de la creencia popular, los primeros tocados celtas solo se usaban durante las ceremonias. En lugar de protección, representaban un símbolo de estatus. Fabricados con materiales caros y pesados como el bronce, el hierro, el oro y el coral, está claro que eran demasiado poco prácticos para llevarlos durante una batalla. Sin embargo, eran aún más adecuados para hacer que el portador se destacara en las ceremonias. Dado que los cascos celtas se volvieron más prácticos en el período posterior, se presume que su uso también se transfirió al campo de batalla.

Simbolismo del arte celta

Se cree que el arte celta proviene de la Edad de Hierro indoeuropea, mucho más antigua. Sin embargo, algunas partes del arte celta también se remontan a las naciones vecinas como los romanos, griegos, etruscos, escitas y tracios. La ropa y los accesorios fueron el testimonio más destacado del arte celta que se presentaba en la vida cotidiana. A finales de la Edad del Hierro, los plebeyos usaban pantalones largos de lino o lana (dependiendo de la temporada) con túnicas de manga larga hechas de un material similar. Sin embargo, las personas adineradas de la sociedad a veces tenían ropa hecha de seda adornada con diseños intrincados. En invierno, llevaban capas aseguradas con accesorios con diferentes símbolos. Los broches y brazaletes eran populares en todas las épocas del año. El *torc* celta fue probablemente uno de sus accesorios más destacados, con un collar de metal (típicamente dorado) alrededor del cuello. Estos se utilizaron para identificar a los miembros de alto rango de la sociedad.

Los celtas crearon intrincadas piezas de arte en diversos medios, desde cerámica y joyería hasta figurillas de animales y calderos ornamentados. Trabajaron principalmente con piedra, hierro, bronce y oro de origen local para las piezas principales. Si bien las decoraciones estaban hechas de materiales importados como el vidrio, el coral y el ámbar, la decoración representa símbolos que deben atribuirse a las tradiciones celtas.

Uno de los símbolos celtas más famosos es el *trisque*. Representa tres espirales creando una simetría rotacional única. El *trisquel* aparece comúnmente en el arte y las tradiciones celtas. También se asocia con las tradiciones celtas o paganas contemporáneas. Hay varias versiones de este símbolo. Por ejemplo, las tres espirales se pueden representar con tres patas dobladas.

Los druidas

Los druidas eran una clase de personas altamente educadas dentro de la antigua sociedad celta. Sus filas incluían médicos, filósofos, poetas, matemáticos y líderes espirituales. Además de ser un grupo de élite, los druidas crearon un legado basado en el extenso conocimiento que han acumulado a lo largo de su vida. Al igual que la cultura celta, el druidismo también se conservó y evolucionó. Con el tiempo, los druidas se asociaron con la magia, las habilidades misteriosas y el espiritualismo profundo. La historia de la evolución en la sociedad druídica siguió el desarrollo de la civilización celta.

Los druidas eran considerados una parte esencial de la comunidad celta y, a menudo, eran buscados por su sabiduría, para resolver diferentes problemas a los que se enfrentaban los miembros de la tribu o la comunidad. La palabra druida se remonta a las palabras latinas y galas *druidae* y *druides*. La palabra se puede dividir en dos palabras celtas, *dru* y *wid*, que se traducen como árbol y sabiduría, respectivamente. La palabra refleja la importancia de los árboles en el espiritismo y la sociedad celta. Según otras fuentes, la palabra druida también puede significar mago y hechicero, una referencia a los poderes místicos que poseían los druidas según las sociedades celtas posteriores.

Los antiguos druidas se clasificaban en un sistema jerárquico estructurado basado en el rango y la profesión. Cada clase de druidas tenía un color específico asociado con su estatus, que también simbolizaba su papel en el sistema druida. Los druidas más viejos y sabios tenían túnicas de color dorado. Estos eran conocidos como los *archidruidas* y a menudo eran consultados cuando un líder tenía que tomar una decisión que afectaba a toda su comunidad. Los druidas ordinarios o generales vestían túnicas blancas y generalmente actuaban como sacerdotes o maestros. Los druidas guerreros llevaban túnicas rojas y también se les conocía como sacrificadores. Las túnicas azules eran usadas por los druidas artísticos clasificados como *bardos*. Los nuevos reclutas vestían túnicas marrones o negras. Las diferentes clases de druidas tenían patrones de vida variados basados en el ciclo natural que se les enseñaba a seguir. Entre esos patrones estaban seguir los ciclos lunares, solares y estacionales, y celebrarlos con los eventos apropiados.

Folklore celta

La mitología celta es una fuente fascinante de elementos folclóricos que emanan de antiguas culturas celtas como la irlandesa, la galesa y la gala. Desafortunadamente, muchos mitos celtas solo fueron registrados por los conquistadores romanos durante la época medieval, y fueron alterados.

Dicho esto, se sabe que los antiguos celtas adoraban un panteón de deidades mucho más grande que sus sucesores. Dependiendo de la ubicación, estos dioses y diosas a menudo tenían diferentes nombres y características. Algunos eran ampliamente honrados por todos los celtas, mientras que otros eran solo deidades regionales celebradas en comunidades más pequeñas.

La creencia de los celtas en muchas deidades se derivaba de los roles que desempeñaba cada uno de estos dioses. Sin embargo, los detalles de la religión politeísta celta son objeto de debate porque los celtas no registraron sus prácticas religiosas. Gran parte de las descripciones de estas costumbres provienen, una vez más, de fuentes literarias romanas.

Algunas de las deidades del panteón celta incluyen:

- **Aengus**, el dios del amor y la poesía.
- **Badb**, una diosa de la guerra.
- **Brígida**, la diosa de la fertilidad.
- **Cernunnos**, la deidad.
- **Dagda**, el jefe celta convertido en deidad.
- **Lugh**, el dios de la justicia.
- **Morrigan**, otra era una diosa / un aspecto de Badb.

Con algunas variaciones entre las diferentes regiones y tribus, los componentes de la antigua cultura celta incluían:

- El uso de arboledas, ríos, manantiales y otros sitios naturales sagrados para ceremonias y rituales que involucran la reverencia de la naturaleza, las deidades que gobiernan a los espíritus y otras entidades.
- Ofrendas frecuentes dedicadas a diferentes deidades, pidiendo bendiciones, protección o poderes curativos. Las ofrendas incluían animales sacrificados, armas y alimentos.

- Una fuerte reverencia por la vida después de la muerte: a menudo depositaban objetos de valor y bienes cotidianos en las tumbas de los difuntos.
- Las ceremonias religiosas a menudo eran dirigidas por druidas y otros miembros de tribus muy distinguidos.
- Una firme creencia en los poderes protectores de los tótems, tabúes y sacrificios, especialmente en tiempos de necesidad.

Capítulo 2: Creencias y simbolismo celta

El simbolismo celta se puede definir como un conjunto de signos y símbolos utilizados por los celtas para comunicar sus creencias, cultura y espiritualidad. Además de representar una poderosa relación entre signos e ideas, el simbolismo celta es también una representación única de la conexión de los celtas con el mundo natural. Desde una perspectiva histórica, el simbolismo celta se remonta a los antiguos celtas. Comprender los símbolos en el contexto de la espiritualidad celta y el paganismo puede ayudarle a ver quiénes eran los antiguos celtas y cómo vivían. Al observar estos símbolos, puede profundizar su conexión con el mundo natural, aprovechar la sabiduría de la tradición celta y usarla en su vida cotidiana.

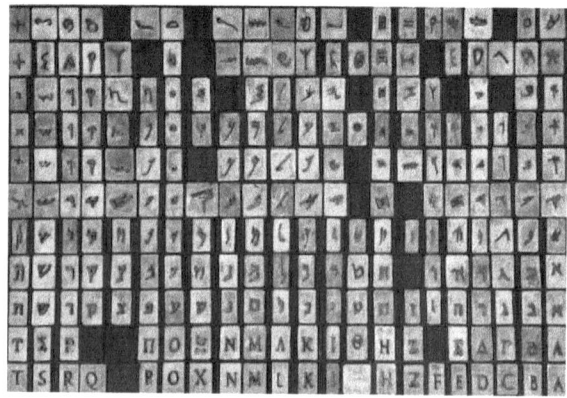

Los celtas utilizaban símbolos y gestos para comunicarse y difundir su cultura [17]

El panteón celta

El sistema de creencias politeísta de los celtas incluía la reverencia por un gran número de deidades. No hay registros escritos de cómo se adoraba a estos dioses y diosas. Sin embargo, los hallazgos arqueológicos proporcionan pistas sobre las variaciones y los puntos en común en el culto que existieron a través del tiempo y el espacio y entre las muchas tribus celtas antiguas. Por ejemplo, hay evidencia de que los celtas a menudo usaban sitios naturales como arboledas, manantiales y claros en espacios elevados para realizar rituales y hacer ofrendas a sus deidades.

Hoy en día, los historiadores afirman que el panteón celta cuenta con más de 400 deidades. Si bien algunos de estos seres fueron imaginados en un momento dado con características similares a las humanas, la mayoría de ellos se consideran entidades sobrenaturales que aparecen en su propia forma única. Algunas deidades adoradas por los celtas eran similares a las veneradas por otros sistemas de creencias europeos. Sin embargo, los celtas a menudo los hacían suyos dándoles diferentes nombres mientras mantenían los mismos atributos, responsabilidades y poderes. Otras deidades eran completamente locales, a menudo aparecen en los mitos de tribus más aisladas del resto de las tribus celtas y otras religiones en general. Para complicar aún más el asunto, a las deidades celtas se les dieron poderes y asociaciones que se superponían con los de otros dioses y diosas del panteón celta. Dicho esto, estos atributos superpuestos son exclusivos de la cultura celta.

Afortunadamente, el simbolismo celta también puede ofrecer más pistas sobre el papel de las deidades celtas en las culturas de sus seguidores. Las inscripciones utilizadas para los rituales durante el culto y las prácticas funerarias sugieren que las deidades tenían un poderoso control sobre la vida de las personas. La mayoría de las veces, venerar a una divinidad en particular era necesario para mantener el bienestar de la tribu.

Muchos dioses y diosas estaban vinculados a lugares naturales y fenómenos como el sol, el agua y los rayos, lo que indica que proporcionaban sustento, curación y un medio de supervivencia. En los tiempos de los antiguos celtas, encontrar comida y asegurar una cosecha abundante era una preocupación bien conocida, y se recurría a muchas deidades para que ayudaran con la caza en general e incluso para animales particulares como jabalíes y ciervos y la cosecha. Otros estaban asociados con la guerra, las familias y las tribus y se les pedía protección y orientación para derrotar al enemigo y preservar la vida de las personas.

Una de las deidades celtas más veneradas era Lugh (o Lugus, como lo conocen los celtas contemporáneos), el dios del sol y la luz. Según muchos mitos, es muy sabio y todo lo ve, lo que lo convierte en una de las deidades celtas más influyentes. Si bien rara vez se le representa en el arte, Lugh tiene varios sitios históricos y lugares modernos que llevan su nombre. Cerunnos, por otro lado, es una deidad celta que aparece a menudo en el simbolismo y el arte celta. Conocido como el dios, Cerunnos se representa sentado en su magnífico trono, con cuernos o astas en la cabeza. Su tocado es una clara indicación de su asociación con su naturaleza animal.

Curiosamente, varias deidades celtas tenían un triple papel o eran vistas como tres deidades asociadas con el mismo aspecto natural o faceta de la vida. Algunas diosas tienen nombres, pero representan tres aspectos diferentes de la misma deidad. Por ejemplo, el panteón celta tiene tres diosas madres que representan la fertilidad, la fuerza y el poder. Estas diosas eran patronas de las madres, los niños y la madre naturaleza. Del mismo modo, otros grupos como los pescadores, los metalúrgicos y los bardos tienen sus propias deidades patronas.

Además de tener deidades que vigilaban ciertos aspectos de la naturaleza, los celtas también encontraron fundamental adorar a los animales y las plantas como seres sagrados con cualidades protectoras. Hay evidencia de caballos, jabalíes, ciervos, toros y árboles que aparecen como símbolos de protección en armaduras, armas y objetos cotidianos celtas. Los animales y las plantas también se consideraban sagrados en la vida real, y cualquier ofensa a ellos era punible, y no solo en la antigüedad. Por ejemplo, en Irlanda, hay seis árboles sagrados.

Los amuletos celtas ofrecen intrincados símbolos de la naturaleza, lo que los hace perfectos para la protección de los vivos y los difuntos (mientras viajan al otro mundo). Se encontraron amuletos en varios túmulos funerarios, lo que indica que los que estaban en el lugar de entierro tenían que ser protegidos en el reino espiritual. Los símbolos protectores celtas más extendidos son las ruedas, los zapatos, los escudos y las hachas.

Cosmología y lugares sagrados

Al igual que en su contraparte nórdica, el mundo tiene tres partes en la cosmología celta: el cielo, la tierra y el otro mundo. En el centro del mundo se encuentra el árbol del mundo, o el árbol de la vida, como lo conocen los celtas. Las ramas más altas del árbol alcanzan el cielo, mientras que sus raíces se adentran en el otro mundo. Este último está rodeado de agua, de la que el árbol obtiene sustento. Debido a esto, los celtas consideran los cuerpos de agua como puertas al otro mundo. No solo hay muchos túmulos funerarios ubicados cerca del agua, sino que también son lugares de culto profundamente venerados.

Los celtas creían que los manantiales albergaban seres sobrenaturales como hadas, ninfas y espíritus. La reverencia por los manantiales y sus habitantes se refleja en los hallazgos arqueológicos asociados con los celtas. Hay numerosos sitios donde los arqueólogos desenterraron piedras, huesos de animales y artefactos celtas cerca de los manantiales. Todavía se cree que algunos de estos manantiales tienen poderes curativos asociados con una deidad en particular. Según las leyendas, los lagos eran los mejores lugares para contactar con los espíritus, dioses y diosas del otro mundo. A partir de los hallazgos arqueológicos en varios lagos, se puede deducir que la gente ofrecía sacrificios a los espíritus aquí. Hay hordas enteras de objetos que la gente ha arrojado a los lagos con la esperanza de convocar a los espíritus. Los ríos en los lugares donde vivían los antiguos celtas a menudo llevan el nombre de deidades celtas asociadas con poderes como la protección, la curación y cualquier otra cosa que los celtas requirieran para navegar por sus vidas. A veces, los guerreros ofrecían sus escudos a los dioses para honrarlos o apaciguarlos porque algunas de las deidades celtas tenían una naturaleza volátil.

Las tierras pantanosas también tienen aspectos sagrados, según los celtas. Por lo general, se asocian con la protección y los seres sobrenaturales como las hadas y, a menudo, se usaban para rituales y ofrendas. Algunas evidencias arqueológicas sugieren que las ciénagas también sirvieron como lugar de descanso final para bardos, druidas y aquellos que se adentraron en la magia y otras artes misteriosas.

Además de manantiales, ríos y ciénagas consagrados, los celtas tenían otros sitios naturales que consideraban sagrados. Las montañas, las cimas de las colinas y las arboledas a menudo servían como sitios rituales. Según la tradición oral, a los druidas les resultaba especialmente propicio utilizar estas vistas para acumular sabiduría y poder. El roble es uno de los árboles que los celtas consideraban sagrados. Además de proporcionar sombra para que la gente se reúna durante los ritos y ceremonias, a los robles también se les atribuyen poderes liminales. Representaba una conexión entre este reino y todos los demás reinos, lo que se evidencia por el hecho de que el roble se usa a menudo para simbolizar el árbol de la vida en el arte celta.

Algunos lugares sagrados conectados a la tierra eran completamente naturales, mientras que otros eran hechos por el hombre. Hay varios sitios donde los arqueólogos encontraron piedras y cuencos enterrados en el suelo. Este último era probablemente para recolectar ofrendas y realizar sacrificios de animales y adivinaciones. La mayoría se encontraron en campo abierto, en claros o rodeados de bosques. Los sitios sagrados artificiales también incluían círculos de piedra, puertas y monumentos similares. En algunos lugares, los huesos de animales dentro de las piedras ofrecen evidencia de que se hicieron sacrificios de animales para proteger el sitio y a quienes lo usaban de influencias espirituales maliciosas. Las arboledas sagradas utilizadas por los druidas tenían aspectos similares, ya que también estaban hechas por el hombre y tenían elementos protectores y potenciadores del poder.

Ciertos lugares sagrados en conexión con la tierra también ofrecían un vínculo con el cielo. Estos eran monumentos más altos, ya fueran naturales, como las cimas de las montañas, o hechos por el hombre. Esto último fue característico de períodos posteriores cuando los celtas comenzaron a construir templos imitando las tradiciones espirituales y religiosas de otras culturas. En un entorno natural, los monumentos naturales hechos por el hombre tenían solo unos pocos elementos artificiales. Por ejemplo, la gente hacía una hendidura en una roca natural que se encontraba en un claro y la usaba para rituales, adivinación y otros fines. En Escocia e Irlanda, hay varios de estos sitios donde se cree que los reyes celtas proclamaron su reinado o se dirigieron a la gente antes de una batalla u otro evento crítico en sus vidas.

Si bien más tarde, los celtas comenzaron a preparar sitios sagrados en entornos más urbanos, estos lugares todavía tenían un poderoso vínculo con la naturaleza. Los monumentos construidos especialmente en la tierra simbolizan la conexión de las personas con la tierra. Mientras que los santuarios y templos se erigieron para potenciar su conexión con las deidades. Las estructuras megalíticas erigidas por civilizaciones anteriores también inspiraron a los celtas a crear sus propios sitios religiosos transformando la estructura más antigua en función de sus necesidades.

Los sitios sagrados celtas con un claro rectangular o cuadrado rodeado de canales artificiales excavados en la tierra fueron revelados en Bohemia, Francia y el sur de Alemania. Los canales representaban el perímetro del sitio. Algunos incluso contaban con una puerta en el este. Los historiadores plantean la hipótesis de que el espacio desnudo en el medio estuvo lleno de postes de madera estratégicamente colocados que los celtas usaron para registrar eventos monumentales. Probablemente adornaban los postes con símbolos que representaban fenómenos naturales, nombres y ocupaciones de personas, guerras y más. Otros piensan que algunos postes de madera actuaban como vigas de soporte para los templos. Algunos postes tenían profundos ejes tallados en ellos para las ofrendas votivas. Los hallazgos arqueológicos de los siglos II y I a. C. indican que los celtas también usaban artículos hechos con cerámica y orfebrería en los sitios de sacrificio. Estos artículos tenían símbolos asociados con deidades, espíritus y el mundo natural.

Los templos celtas de piedra más antiguos se construyeron en el siglo IV a. C. Estos presentaban amplias puertas adornadas con los primeros símbolos celtas. Su techo a menudo estaba hecho de ramas entrelazadas (haciendo referencia a la reverencia celta hacia los árboles) unidas con arcilla y cal. La creencia celta sobre el alma que reside en la cabeza también se mostró con las máscaras ornamentadas que los celtas usaban para decorar sus antiguos templos. Después de ser conquistados por los romanos, los celtas pasaron a erigir templos con elementos arquitectónicos romanos clásicos. Sin embargo, encontraron una manera de rendir homenaje a los antiguos dioses con adornos sin rasgos distintivos cubiertos de torques de metal. Antes de eso, era raro que los celtas representaran deidades a través de monumentos de piedra. Si lo hacían, se trataba de simples pilares de piedra erguida o tallas convertidas en cúpulas adornadas con las representaciones de la cabeza (y, a través de ella, el alma) y la naturaleza. Este último se representaba a través de símbolos de plantas, árboles y otros diseños vegetales.

Simbolismo en rituales y ofrendas

Los rituales celtas a menudo se llevan a cabo para honrar a la naturaleza, los espíritus y la vida después de la muerte, y las deidades. Los ritos que siguen el cronograma basado en los ciclos de la naturaleza, las fases de la luna y otros cuerpos celestes ofrecen una poderosa conexión con estos elementos. Cada uno tenía una naturaleza cíclica, que los celtas asociaban con el ciclo de la vida.

Se recitaban encantamientos y oraciones a las deidades, y se les hacían ofrendas votivas desde la antigüedad. A veces, el simbolismo del culto a la deidad estaba ligado a otras creencias. Por ejemplo, en Escocia e Irlanda, hay varios sitios donde se erigieron lugares de culto y rituales cerca de los túmulos funerarios. En estos lugares, varios montículos representan las tumbas de individuos importantes cuyo poder podría haber sido utilizado para potenciar rituales y ceremonias. Estos lugares aún tienen visitantes que dejan pequeñas ofrendas con la esperanza de obtener empoderamiento, orientación o recuperación de dolencias.

Curiosamente, a diferencia de los objetos encontrados en los cementerios, los objetos en los lugares de culto parecían estar rotos. Se cree que esta era la forma que tenían los celtas de denunciar el objeto y afirmar que ahora pertenecía al dios, diosa o espíritu al que se lo ofrecían.

Si bien las fuentes romanas y otras fuentes literarias sugieren que se practicaban sacrificios humanos entre los antiguos celtas, hay poca evidencia de si esto era cierto o simplemente la forma en que Roma hacía que los celtas parecieran más bárbaros. Los sacrificios de animales eran comunes, pero incluso estos rituales han sido descartados a lo largo de los siglos. Ya sea que los antepasados fueran enterrados o quemados, los paganos celtas contemporáneos solo ofrecían partes de animales que desechaban después de preparar el resto para una comida.

Además de la protección, los antiguos celtas también utilizaban sacrificios de animales para la adivinación. Diferentes partes de animales se asociaron con aspectos distritales de la vida y, en base a esto, ofrecieron pistas sobre los eventos futuros en estos aspectos.

Una forma única de ofrenda era el entierro de objetos. A menudo eran enterrados en terrenos poco profundos después de que se les ofrecieran bienes preciosos para una causa. Varios objetos (como torques, monedas y collares) fueron atados o cubiertos con un trozo de tela antes de ser depositados en el suelo. A menudo, los artículos se ofrecían y se enterraban en el mismo sitio (no en la misma fosa, sino en otras cercanas) durante muchos años. La cantidad de objetos encontrados en estos lugares implica que el área era considerada sagrada. A pesar de que inicialmente los vieron como depósitos de seguridad, los historiadores ahora están de acuerdo en que eran parte de un antiguo ritual celta. Es probable que los sitios estuvieran asociados con una deidad, un aspecto protector o curativo de la naturaleza, o representaran un espacio liminal.

Cuando se trata de los túmulos funerarios celtas únicos, estos estaban vinculados a la profunda reverencia de los celtas hacia la vida después de la muerte. Las tradiciones paganas celtas afirman que cuando una persona muere en este mundo, su alma viaja al otro mundo. Sin embargo, cuando una persona muere, nace otra y su alma emerge a la tierra. A veces, aquellos que viajaron al otro mundo se quedan allí para actuar como guías espirituales y protectores, particularmente durante los períodos liminales. Al enterrar a sus muertos en sitios naturales, los antiguos celtas los devolvían simbólicamente a la tierra de donde provenían. Los objetos enterrados con ellos ayudaron a garantizar un viaje seguro y a obtener la ayuda de los dioses del otro mundo.

Otros simbolismos prominentes en la cultura celta

Además del movimiento de la luna, el sol y otros cuerpos celestes, la antigua cosmología celta giraba en torno al simbolismo, incluyendo espirales y ruedas. Ambos están vinculados al ciclo interminable de la vida. Las estaciones giraban cada año como puntos en una rueda gigante, por lo que muchos paganos celtas seguían un calendario llamado la rueda del año.

El simbolismo de las estrellas está ligado a la creencia en la estrella polar, el eje del cielo, que también representaba las puertas de los cielos. Según la mitología celta, a medida que las estrellas se movían alrededor de este eje, formaban una trayectoria en espiral.

Las espirales continuas también están ligadas a la creencia celta de que cuando termina un ciclo, comienza otro. La expansión aparentemente interminable de la espiral también podría denotar que la sabiduría también puede crecer. Se dice que los símbolos por triplicado se atribuyen al poder divino.

Dado que los antiguos celtas basaban su calendario en los ciclos de la luna, su año tenía 13 meses. El doce es similar a los meses de los calendarios modernos, mientras que el 13 tiene solo tres días y solo actúa como una guía para aquellos que se preparan para el próximo año. Además, cada mes tiene un árbol sagrado de Ogham vinculado a él.

Cada una de las cuatro estaciones se celebraba con un día festivo específico, marcando una ocasión trascendental en la vida de las personas. Samhain, que marca el comienzo del invierno y el cese de la caza y la recolección, y Beltane, el festival que da la bienvenida al verano y el comienzo de la verdadera vida en la naturaleza, se celebran tradicionalmente con fuego. Durante estos períodos, el velo entre los mundos se vuelve más delgado, permitiendo que los espíritus del otro mundo vayan y vengan, enviando y llevando mensajes. Imbolc y Lughnasadh son otros dos festivales de fuego que observan eventos como solsticios y equinoccios. Varios sitios rituales están construidos de manera que se alinean con estos puntos de la Rueda del Año.

Alrededor de los festivales, los celtas estaban aún más fascinados por los espacios liminales, como las puertas y las costas, y los consideraban lugares de empoderamiento. A menudo se reunían en la orilla, donde podían establecer una conexión entre el mundo sólido y material y el mundo espiritual fluido. Los festivales también brindan una oportunidad fantástica para que los celtas se acerquen a sus deidades y antepasados.

Árbol de la vida

Este símbolo aparece con frecuencia en el arte y se usa ampliamente en rituales, ceremonias o formas de vida celtas en general. Hoy en día, puedes verlo en joyas, talismanes e incluso tatuajes. Sin embargo, su significado va mucho más allá de ser un diseño estéticamente agradable. El árbol de la vida representó una conexión con el mundo natural durante miles de años. Dado que los árboles son siempre una fuente vital de alimento, refugio, leña y medicina para la humanidad, es fácil ver por qué un árbol puede tener un simbolismo significativo en la cultura celta.

Se cree que los druidas jugaron un papel fundamental en dar a los árboles un significado espiritual. Además de usarlos para rituales y adoración, también sabían que los árboles (especialmente el roble) eran un gran lugar para buscar muérdago, una planta con efectos espirituales de poder.

Después de llegar a nuevos territorios, las antiguas tribus celtas a menudo se asentaban alrededor de un árbol (como un roble), que actuaba como un punto central para las actividades de la comunidad, como rituales y ceremonias. Los celtas creían que formar el asentamiento alrededor del árbol otorgaba a la comunidad sabiduría, fuerza y longevidad. Si te preguntas por qué los robles eran los árboles más comunes utilizados para este fin, la respuesta está en su longevidad. La vida útil de un roble puede alcanzar hasta varios cientos de años.

Otros árboles utilizados como puntos focales o lugares de culto cerca de una comunidad eran los tejos, que viven aún más tiempo, durante miles de años. Hasta el día de hoy, los celtas también creen que, dado que las raíces de los árboles se extienden profundamente en el suelo, esto simboliza la conexión entre el árbol de la vida y el otro mundo. Utilizan los árboles para conectarse con sus antepasados.

Capítulo 3: De la 'a' la 'z' de los símbolos celtas

Este capítulo profundiza en las interpretaciones y significados espirituales de varios símbolos que se encuentran en la mitología, el folclore y la espiritualidad celtas.

Ailm

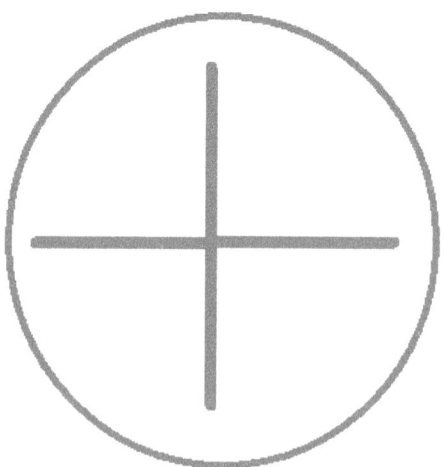

Ailm es un símbolo de flexibilidad y madurez

Este símbolo proviene de la primera letra de Ogham, que se cree que fue la primera forma de comunicación escrita en la Irlanda celta. Es un símbolo de una conífera de hoja perenne, conocida como abeto plateado. La gente en ese momento se refería a un grupo particular de árboles como Ogham porque pensaban que estas coníferas tenían una cantidad indispensable de sabiduría para compartir. En la mitología celta, los árboles de hoja perenne tienen poderosos poderes curativos y pueden revitalizar el alma humana. Los ailms son símbolos de flexibilidad, rehabilitación, madurez, fuerza, resiliencia y poder interior.

Awen

Awen representa las virtudes de la verdad, el amor y la sabiduría.[18]

El símbolo de Awen también se conoce como los tres rayos de luz porque se muestra como tres círculos, cada uno de los cuales representa fuentes o centros de luz, con un rayo que se extiende desde cada uno. Un renombrado poeta galés fue el primero en mencionar este símbolo neo-druida durante el siglo XVIII. Los investigadores, sin embargo, sugieren que la invención del Awen se remonta más atrás.

El término Awen se traduce como esencia o inspiración, por lo que hay varias interpretaciones de lo que representa el símbolo. Algunos practicantes creen que los tres rayos son representativos de la esencia de la vida; aire, mar y tierra. Otros sugieren que simbolizan la esencia de los seres humanos o la mente, el cuerpo y el espíritu. Según algunas interpretaciones, los tres rayos son símbolos de las virtudes más importantes de la verdad, el amor y la sabiduría.

La verdad, la compasión y la comprensión son las tres piedras angulares del despertar y se cree que están representadas por los tres rayos. Mucha gente piensa que la revitalización y el estado de estar presente y consciente provienen de la inspiración. El despertar, sin embargo, va de la mano con la verdad. No puedes buscar la verdad si no estás despierto.

Las interpretaciones más simples del símbolo sugieren que el Awen representa la capacidad de las fuerzas opuestas para existir armoniosamente en el universo. Las energías masculinas y femeninas se representan como los rayos izquierdo y derecho, mientras que el rayo medio simboliza la armonía y el equilibrio que se mantiene entre ambas energías.

Beltane

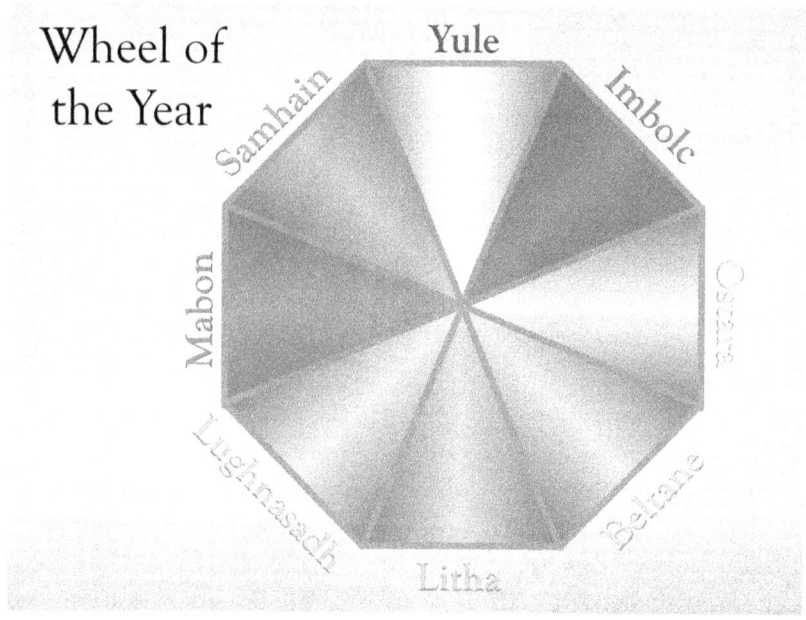

La rueda del año [19]

La rueda del año es un calendario celta que gira en torno a ocho festivales estacionales: Imbolc, Ostara, Beltane, Litha, Lughnasa, Mabon, Samhain y Yule. Cada uno de los ocho sabbats, o festivales, tiene su propio símbolo. Beltane se celebra el 1 de mayo para dar la bienvenida al verano, y la gente reza a las deidades por la abundancia en los cultivos y el buen tiempo. Esta celebración cae justo entre el equinoccio de primavera y el solsticio de verano.

Cruz de Brígida

Este símbolo es uno de los emblemas celtas irlandeses más antiguos y se remonta a la diosa Brígida en el mito celta Tuatha de Danaan. Muchos sugieren que esta deidad se transfiguró más tarde en el santo cristiano de Kildare después de que la religión llegara a Irlanda. Los practicantes creen que pueden invocar las energías protectoras del santo o la diosa si cuelgan este símbolo en sus puertas o en los pasillos.

Una cruz de Brígida está hecha de pajas y juncos[30]

La paja y los juncos se utilizan convencionalmente para tejer la cruz en el sabbat Imbolc, que es el día que celebra a la diosa Brígida. Según la tradición, este símbolo fue inicialmente regalado a su padre en su lecho de muerte. El padre de la diosa sabía que la cruz era un símbolo sagrado, por lo que sintió la necesidad de ser bautizado y morir en pureza.

Nudo de Bowen

Los bucles en un nudo Bowen simbolizan el amor verdadero, la lealtad y el agua que fluye. [21]

Los nudos celtas son patrones de bucles y nudos que tienen significados simbólicos. El hecho de que no tengan ni principio ni fin simboliza la naturaleza infinita de la vida. Los nudos celtas se remontan al siglo VIII y han sido utilizados por los practicantes para decorar sus espacios y traer ciertas energías a sus vidas. Cada patrón o nudo celta simboliza diferentes virtudes o emociones y tiene interpretaciones únicas.

El nudo de Bowen viene en diferentes formas. Los dos más comunes son un cuadrado con cuatro bucles que apuntan hacia afuera en cada esquina o una cruz con cuatro bucles puntiagudos en cada extremo. Estos bucles simbolizan el amor verdadero, la lealtad y el agua que fluye.

Espiral celta

Las espirales son emblemas del crecimiento y desarrollo espiritual [22]

Según la mitología celta, las espirales son emblemas del crecimiento y desarrollo espiritual. Las espirales también son símbolos de la energía emitida constantemente por los cuerpos humanos y sus alrededores. También representan el espacio y la naturaleza infinita del universo. La espiral celta sugiere que los seres humanos siempre están en un estado de evolución y experimentan el equilibrio entre sus mentes, cuerpos y espíritus.

A menudo se utilizan para decorar espacios y se representan de diversas formas para transmitir ciertos significados. Una sola espiral que gira en sentido contrario a las agujas del reloj representa el crecimiento y el desarrollo humano a lo largo de la vida. Una sola espiral que gira en el sentido de las agujas del reloj es representativa del agua y el movimiento.

Las espirales dobles simbolizan la naturaleza dual de toda la existencia, representando el equilibrio entre dos fuerzas contrastantes. Lo húmedo y lo seco, lo femenino y lo masculino, y la noche y el día, por ejemplo, pueden representarse mediante espirales dobles. La dualidad de la naturaleza es necesaria para mantener el equilibrio y la armonía. Una doble espiral centrada es un emblema de la armonía y de la luna. Una doble espiral combinada simboliza diferentes direcciones.

Cernunnos

Símbolo de Cernunnos [33]

Los antiguos celtas consideraban a Cernunnos una de las deidades más importantes del panteón, por lo que su símbolo sigue siendo uno de los más populares. Es el dios de la vida, de los animales, de la fertilidad y de los animales salvajes. También es la deidad del inframundo y está asociado con el ciclo natural de muerte y renacimiento. A menudo se ilustra a Cernunnos sentado con las piernas cruzadas y cuernos en la cabeza, y su símbolo es un círculo con una media luna hacia arriba, que simboliza una cabeza con cuernos.

Nudos circulares

Los nudos circulares pueden venir en este patrón [34]

Los nudos circulares vienen en varios patrones y tamaños, dependiendo de la energía que el usuario desee traer a su vida. Los nudos circulares simbolizan principalmente la vida interior, la naturaleza infinita de la vida, el ciclo de la vida y el sol.

Cruz de triquetas

La cruz de triquetras también se conoce como la cruz carolingia.[26]

La cruz de triquetras, también conocida como cruz carolingia, simboliza la maternidad, la virginidad, la pureza y la sabiduría. Estas virtudes se consideran los tres aspectos de la diosa. Este símbolo celta también se asocia con la rotación del sol y su posición en el cielo (puesta de sol, salida del sol, cenit, etc.). Algunos relatos históricos sugieren que este símbolo también se utilizó como emblema de la trinidad masculina.

Dara nudo celta

El nudo dara toma la forma de las raíces de un roble

El término *dara* se deriva de una antigua palabra celta que significa roble. Es por eso que el símbolo toma la intrincada forma de las raíces de un viejo roble. Al igual que todos los demás nudos celtas, el nudo dara no tiene principio ni fin. Los robles eran sagrados para los celtas porque estaban asociados con sus deidades y desempeñaban un papel importante en las antiguas leyendas celtas. También eran lugares de culto y se creía que eran puertas de entrada al otro mundo. Se creía que los robles eran fuentes de conocimiento y sabiduría, por lo que la gente a menudo recurría a ellos en busca de orientación. El roble es una fuente de alimento, fuerza interior y sabiduría.

Sello del druida

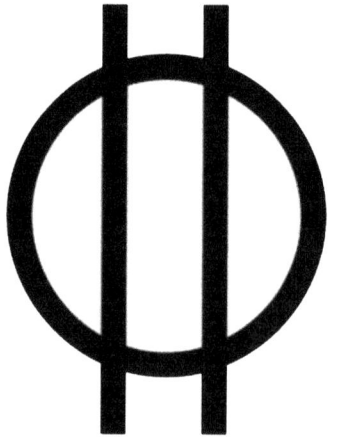

El sello del druida[26]

Un sello del druida toma la forma de un círculo y tiene dos líneas que parecen ramas de árbol en su interior. Los sellos se usan comúnmente en la magia ritual y simbolizan la fertilidad, la reproducción y la madre naturaleza.

Eostre

Eostre, también conocido como Ostara, se celebra en el equinoccio de primavera, generalmente el 20 de marzo en el hemisferio norte. Los practicantes celebran Ostara porque simboliza el equilibrio entre dos climas extremos (verano e invierno) y la luz y la oscuridad porque el día se divide a partes iguales entre el día y la noche durante el equinoccio. Esta fiesta se considera la predecesora de la Pascua moderna.

Nudo de la eternidad

El nudo de la eternidad es importante en muchas religiones y culturas[87]

El nudo eterno es un símbolo importante en muchas religiones y culturas de todo el mundo, como el budismo, el jainismo, el hinduismo, el Tíbet, Buriatia y Mongolia. El nudo celta de la eternidad tiene un aspecto único y suele ser el más popular. El nudo tiene un hermoso diseño que simboliza la eternidad, el amor y las relaciones románticas y no románticas.

Símbolo quíntuple

El símbolo quíntuple representa la espiritualidad y la fe

Si bien este es uno de los emblemas celtas menos conocidos, el símbolo quíntuple es uno de los más significativos. Los cinco círculos entrelazados del emblema simbolizan los cinco elementos básicos tradicionales celtas del universo. El emblema también representa la espiritualidad, Dios, la fe y el cielo, o los cuatro puntos cardinales. El quinto anillo, en cualquier caso, simboliza la armonía, el equilibrio o el universo.

Imbolc

Imbolc, que también se conoce como el día de santa Brígida, tiene lugar el 1 de febrero. Este festival marca el comienzo de la primavera y está justo entre el solsticio de invierno y el equinoccio de primavera. Los practicantes celebran el Imbolc porque es cuando regresa la luz o el sol.

Litha

Este sabbat se celebra entre el 20 y el 23 de junio, marcando el solsticio de verano en el hemisferio norte. Litha es también el día más largo del año y se celebra por su fertilidad y abundancia agrícola.

Lugaid

Se trata de un festival gaélico que tiene lugar el 1 de agosto, marcando el inicio de la temporada de cosecha. Este festival lleva el nombre de la deidad celta Lughnasadh, la deidad de la cosecha, la agricultura y la ganadería, y se celebra en su honor.

Mabon

Mabon se celebra en el equinoccio de otoño entre el 21 y el 24 de septiembre. Al igual que Eostre, esta festividad celebra el equilibrio y la armonía en el universo. Este día se divide perfectamente entre el día y la noche.

Nudo celta cuaternario

Los nudos cuaternarios protegen a los usuarios de la energía negativa [28]

Los nudos con cuatro bucles no eran muy comunes entre los antiguos celtas porque preferían usar nudos circulares o con tres bucles. Los nudos cuaternarios, sin embargo, siguen siendo muy populares porque ayudan a proteger a sus usuarios de la energía negativa. Este nudo es un símbolo de conexión a tierra y apoyo. Ofrece una sensación de paz, confianza y estabilidad.

Samhain

Este sabbat se celebra el 1 de noviembre, marcando el inicio del invierno y el final de la temporada de cosecha. Como Eostre es el predecesor de la Pascua, se cree que Samhain es el precursor de Halloween. Esta festividad está relacionada con los antepasados y el mundo de los muertos.

El pájaro

Se creía que los pájaros eran los mensajeros de los dioses[29]

Los animales desempeñaron un papel importante en la antigua vida celta. Los celtas solían inscribir símbolos de los animales en sus amuletos y adornos para aportar energía y significados específicos a sus vidas. Utilizaron imágenes de pájaros para simbolizar la libertad y cerrar la brecha entre la tierra y los cielos. Se creía que los pájaros eran los mensajeros de los dioses.

El jabalí

Los jabalíes representan tanto la terquedad como la bondad de las mujeres [30]

Este animal tenía dos significados distintos en el antiguo mundo celta. Representaba la terquedad, la persistencia y la fuerza de los guerreros. También se asociaba con la hospitalidad y la amabilidad de las mujeres. La gente disfrutaba de su carne como un manjar.

El toro

Los celtas consideraban sagrados a los toros[81]

Las representaciones de toros se utilizaron para decorar casi todos los hogares celtas antiguos. Este animal era considerado sagrado y era venerado por todos. Se cree que el toro es un símbolo de prosperidad y fertilidad, por lo que la gente quería llevar su energía a sus hogares.

El caldero

El caldero era un símbolo de bienestar[82]

El caldero simbolizaba el bienestar y se asociaba con los banquetes y los asuntos de los muertos. Los antiguos celtas incorporaban grandes calderos en sus ritos funerarios y creían que eran recipientes que transportaban a los muertos al otro mundo. El caldero también era visto como un símbolo de renacimiento y abundancia. Algunos contaban con un caldero que podía alimentar a cientos de soldados y revivir a los guerreros muertos.

La cruz celta

La cruz celta representa los elementos y las direcciones[88]

Este símbolo gaélico muy extendido incorpora un círculo con una cruz en el centro. Este emblema es representativo de los elementos y las direcciones. El sentido de continuidad de este símbolo simboliza el desarrollo eterno de los seres humanos. Los practicantes creían que llevar este símbolo les daría conocimiento y orientación, y los protegería de fuerzas no deseadas, ya que combina el símbolo cristiano de la cruz y el símbolo celta del sol.

El anillo de Claddagh

El anillo Claddagh es un símbolo de matrimonio y amor [54]

Este anillo lleva el nombre de la isla en la que fue creado. El anillo Claddagh es un símbolo celta del matrimonio, el amor y las relaciones románticas y no románticas. El anillo consta de un corazón, que se asemeja al amor, y una corona en la parte superior, que es un emblema de lealtad. Llevar el corazón en el dedo simboliza protección, guía y apoyo.

El ciervo

Los ciervos están asociados con el árbol de la vida [55]

El ciervo se asocia con el árbol de la vida porque representa la unidad del universo. El animal es un símbolo de fuerza, y sus cuernos, caracterizados por su capacidad de volver a crecer, significan el poder de la naturaleza. Los antiguos celtas recurrían a la energía de este animal para crecer y revitalizar su espiritualidad.

El hombre verde

El hombre verde es un símbolo de renacimiento. [86]

El hombre verde es un símbolo de renacimiento y se asocia con la primavera. Algunos antiguos celtas creían que esta figura era la protectora del bosque. Según algunos relatos históricos, este símbolo fue eminente en varias leyendas de diferentes culturas. El hombre verde era particularmente importante para la tradición celta porque creían que la naturaleza era sagrada, estaban preocupados en gran medida por la fertilidad de sus tierras y veían la cosecha abundante como un signo de prosperidad.

El nudo del marinero

El nudo del marinero simboliza la naturaleza imperecedera del amor verdadero

El tejido fuerte e intrincado del nudo del marinero simboliza la perseverancia y la naturaleza imperecedera del amor verdadero, independientemente de lo lejos que estén los seres queridos. Este símbolo muestra que el amor verdadero resiste las olas y las tormentas, representando todos los obstáculos que vienen con la vida. Los marineros solían dar estos símbolos en forma de amuletos a sus esposas antes de que zarparan para recordarles su amor eterno. Los marineros también mantenían el nudo de marinero con ellos porque pensaban que tenía energías protectoras y atraía la fortuna de la comida. Creían que llevarlo consigo mantendría el clima estable y los protegería y guiaría durante todo su viaje.

El trébol

El trébol se consideraba una protección contra la energía negativa.[87]

Este es el símbolo irlandés más popular hasta el día de hoy. La tradición celta sugiere que san Patricio explicó el concepto de la Trinidad sacando el trébol de la tierra. Los celtas usaban este símbolo para protegerse del mal de ojo, la malicia y las energías negativas. También se utilizaba para atraer la prosperidad y la buena fortuna.

El árbol de la vida

Este símbolo se parece a un árbol rodeado con las manos que se extienden hacia arriba para buscar ramas. Las raíces están sombreadas y conectadas a las manos. Este símbolo es representativo de la armonía y la unidad entre lo terrestre, lo subterráneo y los cielos. Los celtas creían que los árboles eran seres sagrados y servían como portales a los espíritus, los cielos y los antepasados.

Triquetra

Triquetra simboliza la naturaleza de la vida[88]

Los antiguos celtas creían que las cosas importantes venían de tres en tres, por lo que la Triquetra es considerada uno de los símbolos celtas más importantes. Se compone de bucles interminables que simbolizan la naturaleza de la vida, desde el nacimiento hasta el renacimiento. La Triqueta también se asocia con la Santísima Trinidad en el cristianismo.

Triskeles

Este símbolo representa la unidad de los tres elementos del fuego, la tierra y el agua. Está formado por tres espirales y se cree que es el símbolo más antiguo de la espiritualidad. Los triskeles son símbolos del ciclo de la vida o el nacimiento, la muerte y el renacimiento que sigue. También se asocia con la armonía entre los aspectos mentales, físicos y espirituales del yo. El símbolo comunica el mensaje de que todo lo que es importante en el mundo viene en grupos de tres.

Rueda de Taranis

La rueda de Taranis simboliza la rueda de un barco[89]

Este símbolo representa el timón de un barco y está asociado con las deidades, los elementos básicos, el sol y el cielo. Lleva el nombre del dios celta del trueno, Taranis. A menudo se representa a la deidad sosteniendo una rueda en una mano y un rayo en la otra.

Navidad

Yule se celebra entre el 21 de diciembre y el 1 de enero, marcando el solsticio de invierno, el punto medio del invierno. Los practicantes anticipan el nuevo sol y la positividad y abundancia que traería a la Tierra.

Capítulo 4: El calendario del árbol celta

Muchas culturas antiguas estaban fascinadas con la astrología. Tenían curiosidad por descubrir cómo los movimientos de las estrellas o las posiciones del sol podrían influir en la personalidad y el futuro de alguien. Los antiguos celtas no eran diferentes y mostraban un gran interés en los signos del zodíaco. Sin embargo, tenían su propia interpretación de la astrología.

A diferencia del calendario gregoriano, el sistema de árboles celtas se basaba en el ciclo lunar. Los humanos antiguos usaban la Luna como un método para decir la hora y determinar los días, semanas y meses. Los celtas pasaron por varios experimentos y rituales para comprender cómo funcionaba el ciclo lunar hasta que desarrollaron su propio sistema único.

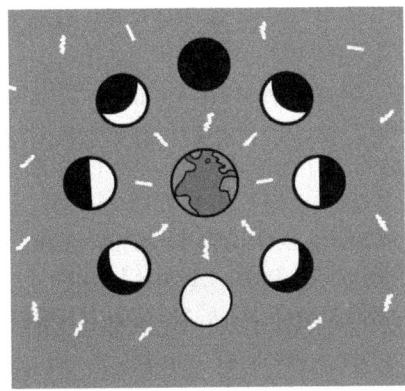

Los celtas basaban su sistema arbóreo en el ciclo lunar [40]

El calendario está dividido en trece meses, y cada uno está vinculado a un árbol asociado con la mitología celta y un alfabeto Ogham (el antiguo alfabeto irlandés que se discutirá en detalle en el próximo capítulo). Estos árboles sagrados están asociados con la magia, la curación, los elementos y las deidades.

Este capítulo cubre el calendario de los árboles celtas y su origen y proporcionará información detallada sobre sus signos del zodíaco.

La historia y la mitología del calendario del árbol celta

Ha habido muchos desacuerdos entre los eruditos sobre el origen del calendario del árbol celta. Algunos creen que no fueron los antiguos celtas quienes lo inventaron, sino el autor y poeta Robert Graves, un estudioso de la mitología irlandesa y celta. Se piensa que creó este sistema en 1948, convirtiéndolo en un invento moderno. Fue influenciado por el calendario del árbol que los druidas diseñaron hace siglos.

Graves utilizó el antiguo "Cantar de Amergin" para crear su sistema. Se trata de uno de los poemas más antiguos del mundo. Sin embargo, está envuelto en misterio, ya que nadie sabe quién lo escribió ni cuándo y dónde se escribió. Graves cree que la canción fue escrita en 1268 a. C. en las islas británicas. Lo tradujo y adaptó las quince consonantes del antiguo alfabeto Ogham a trece letras para que se correspondieran con los trece ciclos lunares que tienen lugar cada año. Graves dividió el calendario en trece meses con veintiocho días cada uno y agregó un día adicional para hacer que el año tuviera 365 días.

La creencia de que Graves fue quien creó el calendario del árbol celta es común entre muchos estudiosos porque no hay evidencia que sugiera que los celtas alguna vez usaron este sistema.

Graves introdujo el calendario en su libro "La diosa blanca", que se centra en la mitología de Oriente Medio, Europa, Irlanda y Gran Bretaña. Dado que no se sabe mucho sobre los antiguos druidas o los celtas, Graves se inspiró en las obras del historiador irlandés Ruaidhrí Ó Flaithbheartaigh. El historiador cubrió la historia de Irlanda, incluidas sus leyendas, mitos y el alfabeto Ogham, en sus libros.

Aunque todo el crédito sea para Robert Graves, no habría podido desarrollar su sistema sin que los druidas sentaran las bases para él. También basó su trabajo en el folclore y la mitología celta y lo combinó con descubrimientos y creencias modernas para crear este brillante calendario.

Mientras que otros eruditos están de acuerdo en que los druidas crearon este sistema, algunos paganos celtas modernos creen que el calendario del árbol existía antes de que los druidas subieran al poder y se convirtieran en el grupo religioso más influyente entre los celtas. Muchos eruditos se inclinan a creer que el sistema de árboles existía antes de los druidas, pero fueron ellos los que lo mejoraron y descubrieron las propiedades mágicas de cada árbol sagrado.

En pocas palabras: el sistema que existía antes de los druidas fue la base en la que basaron su trabajo para crear el calendario del árbol celta, que todavía se usa hoy en día.

Los árboles sagrados asociados con los trece meses tienen una interesante mitología detrás de ellos. Los druidas creían que toda la humanidad era descendiente de los árboles. Cada uno también simboliza un dios o diosa celta y tiene su propio significado y características que influyen en las personas nacidas bajo su mes. Esto se asemeja al concepto de los signos del zodíaco que creen que la posición del sol el día en que nace una persona afecta su personalidad.

El zodíaco del árbol celta

El zodíaco del árbol celta es un sistema de astrología basado en la antigua reverencia celta por los árboles. Los árboles se consideraban sagrados, se creía que contenían sabiduría y poder, y se asociaban con cualidades y características particulares. Cada árbol tiene su planeta regente, animal, piedra preciosa, color, letra Ogham y más. Este sistema zodiacal es más complejo que la astrología occidental y china porque los druidas pasaron años estudiando los árboles. Los antiguos celtas predecían el futuro escuchando a las hojas mientras les susurraban sus secretos. También utilizaron el alfabeto Ogham y los ciclos lunares para determinar las características de las personas.

El calendario del árbol y el mundo natural

La naturaleza siempre ha sido fascinante y ha despertado el interés de todos los poetas y autores. Muchas historias y poemas tienen lugar en torno a la naturaleza, especialmente en los bosques, de ahí los términos bosque mágico o encantado. Antes de la invención de la medicina, las plantas y las hierbas proporcionaban un remedio para todas las dolencias, ya fueran físicas o mentales.

Los árboles son la parte más majestuosa de la naturaleza, son poderosos, únicos y viejos, y la vida sería imposible sin ellos.

Los antiguos y los neo-druidas veneraban a los árboles, celebraban sus ceremonias y meditaban bajo ellos. La palabra "druida" también significa "el conocimiento del roble". Consideraban a los árboles como seres vivos capaces de experimentar diversas emociones y conectar la Tierra con el cielo.

Los druidas eligieron asociar su calendario con los árboles porque creían que la naturaleza era sagrada. Los árboles también cambian de color durante las estaciones, lo que los convierte en la representación perfecta del ciclo de la naturaleza y el cambio de estaciones.

El calendario de los árboles determina las fiestas que celebran los antiguos y los neopaganos para marcar el comienzo de cada estación. Por ejemplo, el festival Samhain celebra el comienzo del invierno y Ostara marca el comienzo de la primavera. Estos festivales se discutirán en detalle en el próximo capítulo.

Ahora que entiende la historia y la mitología detrás del calendario del árbol celta, la segunda parte del capítulo se centrará en los trece árboles sagrados y lo que representan.

Luna de abedul (24 de diciembre – 20 de enero)

Elementos

Aire y agua.

Estaciones

Primavera y otoño.

Planeta regente

Venus.

Color

Blanco.

Piedra preciosa

Cristal.

Animales

Ciervo blanco y águila real.

Carta de Ogham

Beith (B).

Simbolismo

Regeneración, nuevos comienzos, crecimiento y renacimiento.

Correspondencia

Capricornio.

Mitología

En la mitología celta, el abedul simboliza el amor. Los antiguos celtas colocaban sus ramas sobre las cunas de los recién nacidos para protegerlos del daño y los malos espíritus.

Deidad

Eostre, la diosa de la primavera.

Zodiaco

Las personas nacidas bajo el abedul son motivadas, orientadas a objetivos y ambiciosas. Trabajan constantemente para desarrollarse en diversas áreas de sus vidas. Dado que estos individuos nacen durante la época más oscura del año, buscan constantemente la luz en sí mismos y en los demás. Son capaces de encontrar la belleza allá donde van. Son personas encantadoras que siempre están sonriendo y son pacientes con los demás. Sin embargo, pueden ser líderes fuertes y duros.

Rowan Moon (21 de enero – 17 de febrero)

Elemento

Fuego.

Estaciones

Primavera y otoño.

Planeta regente

El Sol.

Color

Gris.

Piedra preciosa

Peridoto.

Animal

Dragón.

Carta de Ogham

Luis (izq.).

Simbolismo

Conexión, protección y coraje.

Correspondencias

Piscis y Acuario.

Mitología

Los celtas asociaban este árbol con el éxito, el poder y el crecimiento personal. Solían tallar un amuleto en su ramita y usarlo para protegerse. Algunas culturas plantaron este árbol en los cementerios para que los espíritus de los muertos no se quedaran en el mundo de los vivos, sino que cruzaran al otro lado.

Deidad

Brighid, la diosa del hogar y la fertilidad.

Zodiaco

Las personas nacidas bajo este signo son individuos únicos. Tienen una visión y objetivos por los que trabajan duro. Aunque pueden parecer fríos y distantes por fuera, son extremadamente apasionados y enérgicos por dentro. A menudo tienen ideas creativas y una gran imaginación. La gente puede encontrarlos intimidantes porque pueden tener un exterior duro. Sin embargo, son personas amables y cariñosas que apoyan a los demás.

Luna de ceniza (18 de febrero – 17 de marzo)

Elementos

Fuego y agua.

Estaciones

Primavera y otoño.

Planetas regentes

Neptuno y el Sol.

Color

Verde.

Piedra preciosa

Coral.

Animales

Gaviota, caballito de mar y foca.

Carta de Ogham

Nion (N).

Simbolismo

Poder, crecimiento y liderazgo.

Correspondencias

Aries y Piscis.

Mitología

El fresno es uno de los árboles más venerados entre los celtas y se considera el rey del bosque. Utilizaban su madera para protegerse de las hadas y sus semillas para realizar adivinaciones. En algunos lugares de Escocia, la gente usaba partes del árbol para protegerse contra la magia negra. Algunos druidas usaban su madera para hacer sus varitas. En la mitología nórdica, el Yggdrasil, el árbol del mundo y el centro del universo, era un fresno.

Deidad

Odín, el dios nórdico de la guerra y la muerte.

Zodiaco

Los nacidos bajo este árbol son tímidos e introvertidos y disfrutan pasar tiempo a solas. Esto los hace parecer misteriosos, y muchas personas los encuentran intrigantes. Cuando los conozcas, descubrirás que son individuos creativos con personalidades atractivas. No se preocupan por nada superficial y a menudo se centran en su mundo interior y su visión. Tienen confianza en sí mismos y nunca se molestan con las opiniones de otras personas sobre ellos.

Luna de aliso (18 de marzo – 14 de abril)

Elementos

Agua y fuego.

Estación

Primavera.

Planeta regente

Marte.

Color

Rojo.

Piedra preciosa
Rubí.
Animales
Halcón, zorro y oso.
Carta de Ogham
Fearne (F).
Simbolismo
Pasión, paz, protección, sanación, confianza y determinación.
Correspondencias
Aries y Piscis.
Mitología
El aliso es el árbol de la sabiduría, y es favorecido por todas las hadas. Bran el Bendito, el mítico rey de Britania, usó la madera del aliso para protegerlo durante la batalla.
Deidad
Bran, el dios de la regeneración.
Zodiaco
Estas personas son líderes fuertes. Son extrovertidas, encantadoras y cálidas y se llevan bien con todas las personas que conocen. Otros gravitan hacia ellos porque encuentran contagiosa su confianza. Personas apasionadas, siempre están trabajando en algo, ya sea para avanzar en sus carreras o mejorar sus vidas. Prefieren tener conversaciones profundas que discutir el clima.

Luna de sauce (15 de abril – 12 de mayo)

Elementos
Tierra y aire.
Estaciones
Invierno y verano.
Planeta regente
La Luna.
Color
Amarillo.

Piedra preciosa

Piedra lunar.

Animales

Serpiente marina y liebre.

Carta de Ogham

Saille (S).

Simbolismo

Regeneración, fertilidad y flexibilidad.

Correspondencias

Tauro y Géminis.

Mitología

El sauce se asocia con el crecimiento y la curación. Los celtas lo plantaban cerca de sus casas para protegerse de los desastres naturales.

Deidad

Donn, el dios de la muerte.

Zodiaco

Estas personas son genuinas, honestas, amables, simpáticas, generosas y decentes. Llevan vidas tranquilas y se mantienen alejadas del drama. Son inteligentes, cariñosas, pacíficas y tienen la capacidad de leer a los demás. Son personas educadas que tratan a todos con respeto. Los nacidos bajo este signo tienen un gran sentido del humor y siempre contagian alegría allá donde van.

Luna de espino (13 de mayo – 9 de junio)

Elementos

Aire y agua.

Estaciones

Primavera y otoño.

Planetas regentes

Venus y Marte.

Color

Morado.

Piedra preciosa

Topacio.

Animales

Búho y abeja.

Carta de Ogham

Huathe (H).

Simbolismo

Matrimonio y purificación.

Correspondencias

Géminis y Cáncer.

Mitología

Este árbol se asocia con la protección y el amor. Los celtas se referían a él como el árbol de las hadas porque estas criaturas mágicas lo custodian. De ahí que la gente lo considerara sagrado y lo tratara con amor y respeto.

Deidad

Eostre, diosa de la primavera.

Zodiaco

Las personas nacidas bajo este signo son creativas y apasionadas. Se trata de individuos maduros, que están preparados para lidiar con lo que el universo les depare. Cada vez que encuentran a alguien en problemas, nunca dudan en echar una mano. Son confiables y las personas a menudo gravitan hacia ellos cuando necesitan desahogarse o compartir sus secretos. Tienen la capacidad de ver el panorama general en cada situación y lidiar con todos sus problemas con una gran sonrisa.

Luna de roble (10 de junio – 7 de julio)

Elemento

Agua.

Estación

Verano.

Planetas regentes

Marte y Júpiter.

Color

Negro.

Piedra preciosa

Diamante.

Animales

Caballo, nutria y reyezuelo.

Carta de Ogham

Duir (D).

Simbolismo

Cuidado, intuición, fuerza y sabiduría.

Correspondencias

Cáncer y Leo.

Mitología

Los celtas consideraban que el roble era el rey del bosque. Se asocia con mitos, rituales y religión. Los druidas lo veneraban mucho y celebraban sus reuniones y rituales bajo su protección.

En una antigua leyenda celta, había un rey llamado Math Mathonwy cuyo querido sobrino Lleu Llaw Gyffes estaba bajo una terrible maldición que le impedía casarse con una mujer humana, por lo que el rey solicitó la ayuda de un hechicero que se hacía llamar Gwydion para crear una hermosa mujer con la que Lleu se casara.

Sin embargo, no era una persona real y nunca tuvo una vida normal, lo que la debilitó, y rápidamente cedió a la tentación. Ella tuvo una aventura con otro hombre, y ambos acordaron matar a su esposo.

Blodeuwedd y su amante atacaron a Lleu, y él resultó herido. Se transformó en águila y buscó refugio en un roble hasta que llegó un hechicero y lo curó. A partir de este día, el roble fue conocido como un lugar para proteger a los débiles.

Deidad

Thor, el dios nórdico del trueno.

Zodiaco

Estas personas hablan por aquellos que no pueden defenderse a sí mismos. Son pacientes, tranquilos, generosos y optimistas que creen que las cosas siempre pueden mejorar sin importar cuán malas sean sus circunstancias en este momento. Son criaturas sociales que siempre están rodeadas de sus seres queridos.

Holly Moon (8 de julio – 4 de agosto)

Elementos

Agua y fuego.

Estaciones

Verano.

Planeta regente

Tierra.

Color

Plata.

Piedra preciosa

Cornalina.

Animales

Unicornio y gato.

Carta de Ogham

Estaño (T).

Simbolismo

Optimismo, fuerza y protección.

Correspondencias

Cáncer y Leo.

Mitología

Los antiguos celtas utilizaban la madera del acebo en hechizos protectores y para atraer la buena fortuna.

Deidad

Thor, el dios del trueno.

Zodiaco

Estas personas son personas nobles que tratan a los demás con respeto. Son fuertes y seguras de sí mismas, lo que las convierte en líderes natos. El fracaso nunca las desanima. Por el contrario, las motiva a seguir adelante hasta lograr sus metas. Son individuos cálidos, amables y genuinos, pero a menudo son reacios a dejar que los demás vean este lado de ellos.

Luna de avellana (5 de agosto – 1 de septiembre)

Elementos
Fuego y Tierra.

Estaciones
Verano.

Planeta regente
Mercurio.

Color
Marrón.

Piedra preciosa
Amatista.

Animales
Salmón y grulla.

Carta de Ogham
Coll (C).

Simbolismo
Adivinación, conocimiento, intuición y singularidad.

Correspondencias
Leo y Virgo.

Mitología
En la mitología celta, las hadas vivían en el avellano, y muchas personas creían que su madera era sagrada. Lo usaban para la magia y la adivinación. En una leyenda, el poeta irlandés Finn Eces estaba intrigado por el antiguo salmón del conocimiento. Un día, decidió atraparlo y dárselo de comer a Fionn Mac Cumhaill, el héroe más famoso de la mitología irlandesa. El pez había adquirido sus conocimientos comiendo nueces del avellano y se los había pasado a Fionn.

Zodiaco
Son personas tranquilas y prefieren pasar tiempo consigo mismas que en multitudes. Son inteligentes y saben cómo resolver cualquier problema que se les presente. Individuos leales y simpáticos, sus amigos siempre pueden contar con ellos.

Luna de vid
(2 de septiembre – 29 de septiembre)

Elementos

Aire y Tierra.

Estación

Otoño.

Planeta regente

Venus.

Color

Colores pastel.

Piedra preciosa

Esmeralda.

Animales

Cisne, sabueso y lagarto.

Carta de Ogham

Muin (M).

Simbolismo

Resistencia, oportunidad, cambio y recompensa.

Correspondencias

Virgo y Libra.

Mitología

En la mitología celta, el árbol de la vid era un símbolo de emoción, iniciación y sabiduría. La gente usaba sus hojas para aumentar su ambición.

Zodiaco

A las personas nacidas bajo este signo les encanta estar rodeadas de belleza. Creen que ser mejores personas los beneficiará a ellos y a su comunidad. Tienen un sabor caro y disfrutan mimándose. Sin embargo, trabajan duro para mantener su lujoso estilo de vida y compartir sus dones con las personas en sus vidas. Prefieren mantenerse neutrales durante los desacuerdos y evitar las confrontaciones.

Luna de hiedra (30 de septiembre – 27 de octubre)

Elementos

Agua y aire.

Estación

Otoño.

Planeta regente

La Luna.

Color

Azul.

Piedra preciosa

Ópalo.

Animales

Ganso, mariposa y jabalí.

Carta de Ogham

Gort (G).

Simbolismo

Amor, nuevas oportunidades, renovación y crecimiento.

Correspondencias

Libra y Escorpio.

Mitología

Los celtas realizaban rituales a Arianrhod en el árbol de hiedra para abrir el portal al inframundo, que también se llama "el lado oscuro de la luna". De ahí que se convirtiera en un símbolo de lo místico y misterioso.

Deidad

Arianrhod, diosa de la luna.

Zodiaco

Estas personas son ingeniosas y tienen personalidades únicas. Sus cabezas a menudo están en las nubes, y son generosas. Aman y apoyan a las personas en sus vidas. Fuertes y pacientes, nunca se quejan, incluso cuando la vida se pone difícil. Confían en su lado espiritual para que les brinde fuerza durante la adversidad. Carismáticas y encantadoras, son el alma de la fiesta.

Luna de caña (28 de octubre – 23 de noviembre)

Elementos

Agua y fuego.

Estación

Otoño.

Planeta regente

Plutón.

Color

Naranja.

Piedra preciosa

Jaspe.

Animales

Búho y sabueso.

Carta de Ogham

Ngetal (N).

Simbolismo

Claridad, seguridad y autoexpresión.

Correspondencias

Escorpio y Sagitario.

Mitología

Los druidas asociaban el árbol de caña con el aprendizaje y la sabiduría. También puede traer equilibrio a un mundo caótico.

Zodiaco

Nunca toman las cosas al pie de la letra y profundizan hasta encontrar la verdad. Son personas honorables, compasivas, leales y seguras de sí mismas, y la gente siempre ama su compañía. Aunque disfrutan de los chismes y pueden hacer que la gente se abra a ellos, estas personas son confiables y nunca compartirían los secretos de otras personas con nadie.

Luna mayor (24 de noviembre – 23 de diciembre)

Elemento
Agua.

Estación
Invierno.

Planeta regente
Saturno.

Color
Oro.

Piedra preciosa
Azabache.

Animales
Cuervo, caballo, tejón.

Carta de Ogham
Ruis (R).

Simbolismo
Magia, muerte, regeneración y renacimiento.

Correspondencias
Sagitario.

Mitología
En la mitología celta, el saúco es un árbol encantado que puede proteger contra demonios y espíritus malignos.

Zodiaco
Las personas nacidas bajo este signo tienen un lado salvaje y disfrutan de su libertad. Son individuos aventureros y buscan nuevas experiencias. Solidarios y considerados, ayudan a los necesitados. Son personas felices que aman la vida, y su actitud positiva se contagia a su familia y amigos. Aunque pueden parecer superficiales, son inteligentes y profundos y a menudo buscan respuestas a las preguntas más complicadas de la vida.

El calendario celta del árbol sigue fascinando a paganos y no paganos. El uso de árboles sagrados lo hace único y añade un lado misterioso a un sistema ya de por sí interesante. Su astrología es una de las partes más emocionantes de este calendario. Le permitirá aprender sobre si mismo y las personas en su vida desde una perspectiva diferente.

Capítulo 5: El alfabeto Ogham

Probablemente esté familiarizado con la escritura romana moderna del idioma irlandés. No siempre se ha escrito así. El idioma irlandés ha pasado por varios dialectos y escrituras, muchos de los cuales pueden ser conocidos, como el formato gaélico tradicional. En su mayor parte, el alfabeto irlandés moderno consta de 26 caracteres, similar al idioma inglés, y fue adaptado de las transcripciones de los escribas de textos latinos, por lo que es algo legible y comprensible para muchas personas. Sin embargo, ¿conocía la existencia de otro antiguo sistema de escritura único en Irlanda, particularmente asociado con los celtas? Esta escritura tiene aún menos similitudes con el irlandés moderno que con cualquier otro dialecto celta.

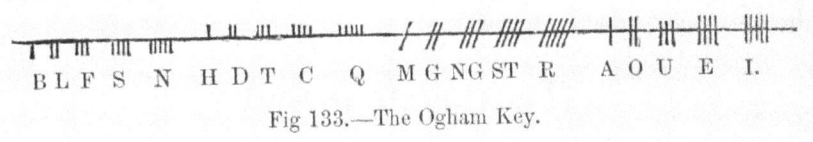

Fig 133.—The Ogham Key.

El alfabeto Ogham traducido al alfabeto inglés "

Esta escritura única se conoce como Ogham, que se pronuncia como "oh-mmm". Este idioma a veces se conoce como el "alfabeto del árbol celta" y fue descubierto por primera vez en Irlanda hace aproximadamente 1500 años. Aunque este idioma se utilizó inicialmente para comunicarse con el irlandés primitivo, más tarde se modificó y adaptó para el irlandés antiguo. Hoy en día, solo se han conservado unos pocos manuscritos e inscripciones de esta lengua, pero esto no disuade a los estudiosos de seguir explorando los significados detrás de esta hermosa lengua. Esta escritura es especialmente intrigante para aquellos que quieran aprender más sobre el simbolismo celta y también por su naturaleza visualmente expresiva.

Esta escritura se considera antigua pero atemporal. ¿Por qué? Porque sigue siendo objeto de investigación para muchas personas. Se dice que el término Ogham se deriva del nombre Ogma, que se asocia con la deidad celta conocida como el Dios de la elocuencia. Sin embargo, los orígenes exactos del nombre siguen siendo objeto de debate. Esta escritura también se conoce a veces como Ogam u Ogum. Algunos eruditos creen que el término Ogham en realidad se refiere a los caracteres individuales de la escritura, mientras que la escritura en su conjunto se conoce como Beith-luis-nin, llamada así por el orden de sus letras. Estas letras tienen imágenes; Cada una consta de un grupo de una a cinco líneas dispuestas verticalmente sobre una línea de base.

Este alfabeto tiene una historia controvertida, y sus orígenes aún son debatidos por muchas personas. La oscuridad que rodea la historia de la escritura Ogham refleja sus antiguos orígenes, ya que está envuelta en las brumas del tiempo. Es ampliamente considerada como la escritura más antigua conocida en Irlanda. Mientras que algunos expertos atribuyen su origen al siglo I, otros creen que se desarrolló en el siglo IV. Piénsalo así. Ogham es tan antiguo que todas sus inscripciones están en piedra, y se cree que otras inscripciones podrían haber estado en palos, estacas y árboles, que obviamente se han perdido con el tiempo. Este capítulo proporcionará una guía detallada de Ogham, su historia, características notables, su relación con el simbolismo celta y la adivinación, y los significados detrás de sus letras.

Teorías de origen

Hay teorías contradictorias cuando se trata de los orígenes de Ogham. Para ser exactos, cuatro teorías populares intentan explicar el desarrollo de esta escritura. Las diferencias de opinión surgen debido a las similitudes entre el alfabeto Ogham y otras escrituras como las runas germánicas, el futhark antiguo, el latín y el griego.

- La primera teoría propone que los irlandeses crearon el Ogham como un alfabeto críptico por razones políticas, religiosas o militares. Fue diseñado para asegurar que aquellos que solo sabían latín no pudieran entenderlo.

- La segunda teoría sugiere que el Ogham fue inventado por los primeros cristianos en Irlanda como un medio para desarrollar un idioma distinto. Esta teoría argumenta que los sonidos del irlandés primitivo eran demasiado difíciles de transcribir al latín, lo que requirió la creación de una escritura mediadora.

- La tercera teoría afirma que el Ogham fue ideado en realidad en el oeste de Gales durante el siglo IV. Su propósito era fusionar y conectar el idioma tradicional irlandés con el alfabeto latino en respuesta a los matrimonios mixtos entre los romanos y los británicos romanizados. Las inscripciones bilingües Ogham con alfabetos irlandés y británico-latino apoyan esta teoría.

- La cuarta teoría, inicialmente popular, pero luego eclipsada por otras explicaciones, postula que el Ogham fue inventado alrededor del año 600 a. C. por los druidas galos. Originalmente era un lenguaje oral y gestual representado por señales con las manos. Esta teoría sugiere que Ogham fue finalmente escrito en la Irlanda cristiana primitiva, con las líneas en la escritura representando gestos o trazos con las manos. Sin embargo, esta teoría carece de pruebas concretas y sigue siendo principalmente especulativa.

Reseña histórica

Se cree que el Ogham existió como el único sistema de escritura durante el Imperio romano, desde el 400 hasta el 700 d. C. En aquel entonces, el método de comunicación más utilizado era a través del lenguaje hablado; aun así, Ogham logró convertirse en una versión escrita, aunque un poco tarde. Particularmente, los celtas preferían comunicarse verbalmente; según Julio César, solían memorizar poemas en lugar de escribirlos. Como resultado, el Ogham se convirtió en el primer idioma en desarrollarse de la palabra hablada a la escrita. Esta escritura fue inscrita en madera, piedras, árboles y hojas durante este tiempo. Con el tiempo, las inscripciones de madera se perdieron, pero hay varias inscripciones de piedra impactantes todavía presentes en Irlanda, que actúan como testimonio de la antigua lengua.

Como el primer lenguaje escrito de la historia, el Ogham no se desarrolló más y solo se usó para representar nombres y árboles genealógicos. Por lo tanto, se cree que los monumentos de piedra con inscripciones son monumentos conmemorativos y se sugiere que son cementerios de héroes. Otros creen que estos monumentos de piedra eran marcadores de límites o prueba de propiedad de la tierra. A pesar de que solo hay evidencia del Ogham en forma de inscripciones en piedra, muchos eruditos creen que la mayoría de las inscripciones se hicieron en hojas y árboles en ese entonces. Como sucede con todos los idiomas o tecnologías, la escritura pronto se eliminó cuando el irlandés primitivo fue reemplazado por el irlandés antiguo. Posteriormente, el alfabeto romano fue adoptado y utilizado con más frecuencia, y el uso del Ogham dejó de serlo. Sin embargo, algunos sugieren que no desapareció por completo, ya que había múltiples guías sobre cómo usar este alfabeto en la época medieval.

Las inscripciones se tallaban principalmente en madera o piedra, lo que requería herramientas como un martillo y un cincel para grabar mensajes en el material. Como se mencionó anteriormente, estas inscripciones a menudo servían como breves monumentos conmemorativos a los individuos, lo que le valió al Ogham la clasificación de "escritura conmemorativa". Para comprender estos mensajes, uno tenía que poseer el conocimiento de los veinte caracteres que componen su alfabeto, junto con sus complejidades. En el siglo VII, se introdujeron cinco caracteres adicionales en el alfabeto Ogham, transformándolo en una escritura manuscrita utilizable. Sin embargo, esta época también marcó un punto de inflexión, ya que gradualmente se desvaneció su uso debido a la adopción generalizada del latín.

La investigación sobre la historia y los significados de este enigmático alfabeto comenzó con el descubrimiento de la piedra del monte Callan en 1785. Este hallazgo despertó el interés de arqueólogos y lingüistas, iniciando la búsqueda para desentrañar los secretos de las inscripciones en Ogham. Al principio, se confundieron con jeroglíficos egipcios, pero luego se clasificaron como diferentes. Se hicieron muchas conexiones con los descubrimientos de diferentes monumentos de piedra con inscripciones en Ogham. Los celtas también se unieron al Ogham.

Características del Ogham

Ogham es una escritura hermosa, aunque complicada, con 25 letras agrupadas en cinco secciones de cinco letras cada una. Cada una de estas secciones lleva el nombre de la primera letra, y las cinco secciones suman alrededor de 80 sonidos gaélicos, aunque aún no se ha decidido por qué estos sonidos se agruparon en sus respectivas secuencias. Cabe mencionar que el segundo grupo está compuesto por consonantes oclusivas, a excepción de /h/, mientras que el cuarto grupo está formado exclusivamente por vocales. La afiliación de cada letra a un grupo específico se puede determinar fácilmente debido a sus características visuales compartidas.

El conjunto inicial de letras consta de marcas del lado derecho, mientras que el conjunto posterior muestra marcas del lado izquierdo. El tercer grupo tiene líneas diagonales, mientras que la cuarta sección presenta líneas que se cruzan con la línea central, fluyendo de izquierda a derecha. Curiosamente, las vocales dentro del cuarto grupo pueden representarse alternativamente con puntos en lugar de líneas. Finalmente, el quinto grupo se erige como el más intrincado de todos, con símbolos distintos en lugar de meras marcas lineales. Esta complejidad surge de la inclusión de cartas introducidas después del año 600 d. C., que reflejan los avances en el idioma irlandés. Ocasionalmente, las puntas de flecha se utilizaban para indicar el comienzo y el final de las oraciones.

El alfabeto Ogham

1. B - Beith

Beith, la primera letra del alfabeto Ogham [48]

Beth o Beith representa la letra B en el alfabeto y está vinculada al abedul. El significado de esta letra está relacionado con los nuevos comienzos, la liberación, las transiciones, la metamorfosis y la renovación. Cuando este símbolo emerge, sirve como un recordatorio para dejar de lado la negatividad y priorizar los aspectos positivos de tu vida.

2. L – Luis

Luis, la segunda letra del alfabeto Ogham [48]

Luis corresponde a la letra L del alfabeto y se asocia con el serbal. Esta carta simboliza las bendiciones, la protección y la obtención de sabiduría. El serbal es famoso por su protección mística contra encantamientos o influencias mágicas. La esencia de esta carta anima a abrazar sus creencias espirituales y a mantener una base sólida, especialmente en tiempos de incertidumbre. Tenga fe en su propio discernimiento y evite ser engañado por una falsa seguridad.

3. F – Fearn

Fearn, la tercera letra del alfabeto Ogham [44]

Fearn o helecho es el equivalente de la letra F y está vinculado al aliso. Este árbol dinámico representa un espíritu que está en continuo crecimiento y se asocia con el equinoccio de primavera. En el folclore celta, el aliso está simbolizado por el valiente Bran, que actuaba como puente sobre un río para garantizar la seguridad de los demás. Del mismo modo, el aliso tiende un puente entre el reino místico entre el cielo y la tierra. Cuando se encuentre con este símbolo, esfuércese por ser un mediador entre las personas en conflicto. Confíe en su intuición, y los demás buscarán naturalmente su guía.

4. S – Saille

Saille se asocia con el sauce

S o Saille se asocia con el sauce, que generalmente se encuentra cerca del agua. Esta letra simboliza el conocimiento y el crecimiento espiritual de una persona y ofrece protección y curación. Las correspondencias de Saile son que no se puede evolucionar sin cambiar primero y darse cuenta de que el cambio es parte de la vida. Por lo tanto, dese un respiro y tómese un tiempo para descansar espiritualmente.

5. N – Nion

Nion está vinculado al fresno

La letra N corresponde a Nion, que está vinculada al fresno. Dentro de la herencia celta, el fresno tiene un significado sagrado para los druidas, ya que representa una conexión entre los reinos interior y exterior. Esta letra sirve como símbolo de interconectividad, energía creativa y transiciones. Sirve como un recordatorio de que cada acción, por pequeña que sea, tiene consecuencias. Sus elecciones y acciones tienen un impacto en el futuro, extendiéndose más allá del momento presente.

6. H - Huath

Huath simboliza los árboles de espino [47]

La H simboliza Huath, el árbol de espino, que representa la limpieza, la protección y la defensa. En aspectos corporales, significa fertilidad, ofreciendo protección, salud y autodefensa. En los aspectos mágicos, enseña que la fuerza espiritual puede sortear desafíos espinosos y brindar apoyo a los demás.

7. D - Duir

Duir simboliza el roble celta [48]

La letra D corresponde a Duir, que se asocia con el roble celta, simbolizando cualidades de fuerza, resistencia y confianza en sí mismo. Se dice que llevar una bellota trae suerte en entrevistas y reuniones de negocios. De manera similar, se cree que capturar una hoja de roble que cae traerá salud en el próximo año. La palabra Duir en sí misma, que significa puerta, transmite la importancia de aprovechar las oportunidades y posibilidades imprevistas. Desde una perspectiva mágica, encarnar la firmeza inquebrantable del roble le permite a uno superar los desafíos espirituales con una fuerza inquebrantable.

8. T - Tinne

Tinne representa el acebo[40]

La letra T corresponde a Tinne, que representa el acebo en el simbolismo celta. La inmortalidad, la armonía, la valentía y la estabilidad del hogar están asociadas con el acebo. Juntos, podemos encontrar fortaleza y seguridad a través de los valores de la confianza y el honor. Es crucial desarrollar una percepción rápida y astuta cuando se trata de significado mágico. La clave para reaccionar ante nuevas circunstancias espirituales es la flexibilidad y la agilidad. Confíe en sus instintos cuando se trata de mantener una estrategia equilibrada que equilibre las emociones y la mente.

9. C - Coll

Coll se asocia con la sabiduría y la creatividad [50]

La letra C, o K, significa Coll, el avellano relacionado con el conocimiento, la creatividad y la sabiduría. En agosto, el árbol produce nueces que simbolizan la fuerza vital que lleva dentro. En la mitología celta, el avellano se asocia con manantiales encantados, pozos sagrados y adivinación. Sean cuales sean tus talentos creativos, busca inspiración. En los aspectos mágicos, permite que lo divino guíe tu viaje creativo, invocando a los dioses en busca de inspiración y llamando a una musa cuando necesites una chispa creativa.

10. Q - Quert

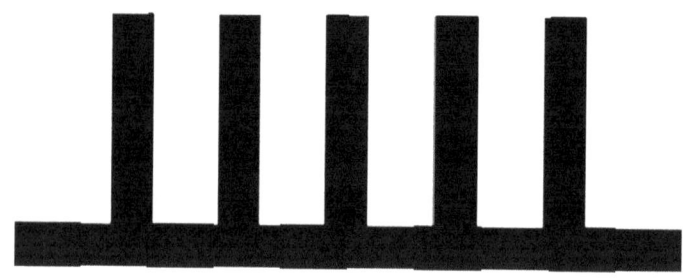

Quert representa el manzano [51]

Q representa a Quert, o Ceirt, que representa el manzano. La manzana es una representación tradicional del amor, la lealtad y el renacimiento que con frecuencia se vincula con la magia. En los aspectos mundanos, tomar decisiones puede ser un desafío. A veces, la decisión correcta puede no traer felicidad inmediata, pero la sabiduría radica en discernir lo que realmente se necesita. En los aspectos mágicos, adopta nuevas decisiones y cosecha los dones espirituales que ofrecen. Confíe en que se aprenderán lecciones valiosas en el camino, incluso cuando las cosas parezcan poco claras.

11. M - Muin

Muin representa la Vid [53]

La letra M corresponde a Muin, que representa la vid en el simbolismo celta. La vid se asocia con viajes internos y lecciones de vida, sirviendo como fuente de uvas y vino. En términos de significado mágico, fomenta la participación en rituales de profecía y adivinación. Es recomendable mantener un registro de los mensajes recibidos, ya que su significado puede aclararse más adelante. Al disfrutar de los placeres asociados con la vid, es importante permanecer atento y evitar los excesos, ya que pueden distorsionar la percepción de la verdad.

12. G – Gort

Gort representa a la hiedra [58]

La letra G corresponde a Gort, representando la hiedra en el simbolismo celta. La hiedra es conocida por su capacidad para crecer de forma independiente y parasitaria en otras plantas. Prospera en diversas condiciones y simboliza el viaje de autodescubrimiento del alma a través de diferentes reinos. Gort se asocia con el crecimiento, la energía indómita y la exploración de los aspectos místicos del desarrollo personal. Además, está conectado con octubre y el Sabbat Samhain. En el ámbito físico, encontrarse con Gort significa la importancia de eliminar la negatividad y las relaciones tóxicas de tu vida. En términos de significado mágico, insta a buscar el crecimiento personal interno y la compañía espiritual externamente. Si se encuentra con Gort, podría valer la pena considerar unirse o formar un grupo de personas de ideas afines para embarcarse en este viaje juntos.

13. Ng – nGeatal

nGeatal representa los juncos que crecen a orillas de los ríos[64]

Ng, o nGeatal, representa el junco que crece alto junto a las orillas de los ríos. Simboliza la acción directa y el propósito en el viaje de uno. Asociado con la música, la salud y las reuniones alegres, el Reed significa asumir roles de liderazgo, reconstruir y tomar decisiones proactivas. En los aspectos mágicos, destaca el crecimiento espiritual fructífero a través de los desafíos y la importancia de aprender lecciones valiosas a lo largo del camino.

14. St – Straith

Straith corresponde al árbol de endrino [65]

En la iconografía celta, la letra St, también deletreada Straith o Straif, representa el árbol de endrino. El endrino es un símbolo de poder, dominio y triunfo sobre la adversidad. En la vida cotidiana, encontrarse con Straith significa la necesidad de anticiparse a lo inesperado y estar preparado para los cambios que pueden interrumpir sus planes. Sirve como un recordatorio de que las fuerzas externas pueden afectar significativamente su camino. Desde una perspectiva mágica, encontrarse con este símbolo indica el comienzo de un nuevo viaje en el que se avecinan sorpresas, posiblemente desafiantes. Superar estos obstáculos te otorgará fuerza y resiliencia. Abraza la comprensión de que tanto tú como tu vida están experimentando una transformación durante este tiempo.

15. R – Ruis

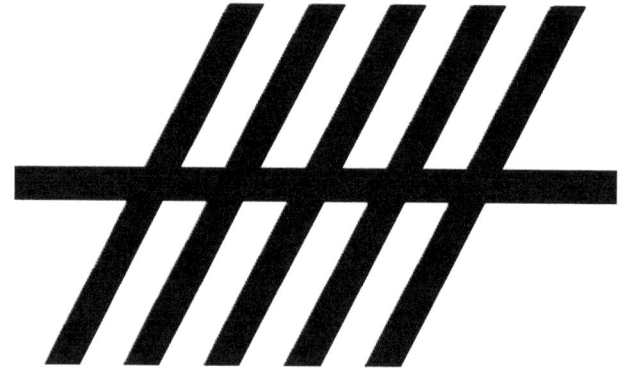

Ruis se asocia con el solsticio de invierno [56]

R es el árbol de saúco conocido como Ruis, que está conectado con el solsticio de invierno. Significa madurez y sabiduría adquirida a través de la experiencia. En los aspectos cotidianos, abraza la transición entre fases de la vida, reconociendo el valor de la madurez y el conocimiento. Esfuércese por el asombro infantil mientras evita el comportamiento infantil. Mágicamente, espere nuevas etapas de crecimiento y experiencias que resulten en la regeneración espiritual y el eventual renacimiento. Comprenda que cada experiencia contribuye a formar la persona en la que está destinado a convertirse.

16. A – Ailim

Ailim representa el olmo [57]

El emblema celta del olmo, Ailim, a menudo escrito Ailm, está representado por la letra A. El abeto o pino también se incluye en este símbolo. Estos poderosos gigantes del bosque son importantes porque nos brindan perspectiva y nos permiten estar por encima de nuestro entorno. Señala la necesidad de considerar el panorama general y los objetivos a largo plazo en la vida real. Prepárese para lo que se avecina y adopte una perspectiva más amplia. En los aspectos mágicos, marque su crecimiento y progreso espiritual. Mire hacia el futuro e imagine a dónde le llevará su nueva sabiduría. Esté abierto a guiar a otros que sigan su camino y extienda una mano amiga cuando sea necesario.

17. O – Onn

Onn simboliza el arbusto de aulaga [58]

El arbusto de aulaga, también conocido como Furze, está simbolizado por la letra O, alternativamente deletreada Onn u Ohn. En la vida, representa que lo que ha estado buscando está a su alcance, así que persista en perseguir sus metas. Si no está seguro de su camino, cree una lista de objetivos para aclarar su dirección y centrarse en el viaje. En los aspectos mágicos, su viaje espiritual le ha otorgado abundantes dones. Comparta estas bendiciones con los demás y aproveche las oportunidades de liderazgo o tutoría que se le presenten.

18. U - Uhr

Ur representa la planta de brezo [59]

El emblema celta de la planta de brezo, Uhr o Ura, está representado por la letra U. El brezo simboliza el celo y la caridad. En los páramos celtas, este resistente arbusto vive de turba. En la vida, este símbolo llama a desestresarse y buscar la curación interior para el cuerpo. Escuche sus necesidades físicas y reconozca la interconexión entre el bienestar físico y la salud emocional. En los aspectos mágicos, integra la energía espiritual con la sanación física. Para cultivar un alma sana, enfatice la curación holística del cuerpo, la mente y el espíritu.

19. E - Eadhadh

Eadhadh simboliza el árbol de álamo [60]

Representa el árbol de álamo, que representa la fortaleza y la valentía, y se llama Eadhadh o Eadha. Cuando se encuentre con este símbolo, emule la resistencia del álamo, manteniéndose flexible frente a los obstáculos. Confíe en que los desafíos son transitorios y le hacen más fuerte. Superar los miedos y las reservas para el crecimiento personal. En los aspectos mágicos, resiste sucumbir a las presiones mundanas. Cambie su enfoque a su viaje espiritual, incluso cuando sienta la tentación de rendirse.

20. I – Iodhadh

Iodhadh representa el tejo[61]

El emblema celta del tejo, Iodhadh o Idad, se relaciona con la letra I. Debido a que se asemeja a la carta de la muerte del tarot, el tejo se vincula con frecuencia a los conceptos de muerte y finales. En el mundo físico, la aparición de Iodhadh indica transiciones significativas. Adopte la conciencia de estos cambios, comprendiendo que, si bien no todos pueden ser negativos, es probable que sean sustanciales. Elimine las cosas innecesarias para dejar espacio para nuevos comienzos. En los aspectos mágicos, libere el apego a creencias e ideas que ya no le sirven. Abrace el poder transformador del cambio, viéndolo como una oportunidad y no como un obstáculo. De la bienvenida a nuevas experiencias sin miedo y ábrase a lo desconocido.

El alfabeto Ogham es un testimonio del rico tapiz del simbolismo celta. Su disposición distintiva de muescas y líneas captura perfectamente la profunda conexión entre el lenguaje, la naturaleza y la espiritualidad que estaba profundamente arraigada en la cultura celta. La escritura Ogham, con sus raíces en las antiguas tierras celtas, sirve como un puente entre lo material y lo místico, ofreciendo una visión de las creencias y la sabiduría de los celtas. La asociación del alfabeto Ogham con los árboles y el mundo natural subraya la reverencia de los celtas por su entorno. Cada personaje corresponde a un árbol específico, lo que refleja la interdependencia entre la humanidad y el reino natural. Esta relación íntima con la naturaleza se expresa a través de la escritura Ogham, lo que la convierte en un sistema de escritura único que encapsula la cosmovisión celta.

Capítulo 6: La rueda del año

Ahora que entiende el calendario del árbole celta y cómo funciona, este capítulo se centrará en los antiguos festivales irlandeses que siguen siendo populares entre muchos neopaganos. Estas festividades celebran la naturaleza, marcan el cambio de las estaciones y honran su conexión con el mundo natural. Hay ocho en la rueda celta del año que comienza con el festival de Samhain y termina con el festival de Mabon.

La rueda del año tiene muchos nombres: los ocho sabbats, la rueda de las brujas, la rueda pagana, la rueda irlandesa, la rueda sagrada y la rueda celta. Representa el ciclo estacional y las fiestas que los celtas celebraban al inicio de cada estación. A diferencia del sistema de árboles celtas, la rueda es un calendario solar que representa el ciclo de las plantas que comienza con la germinación de semillas, luego las plantas brotan, florecen y fructifican, y finalmente se convierten en semillas y se repite el ciclo. Al igual que la rueda, siempre está girando.

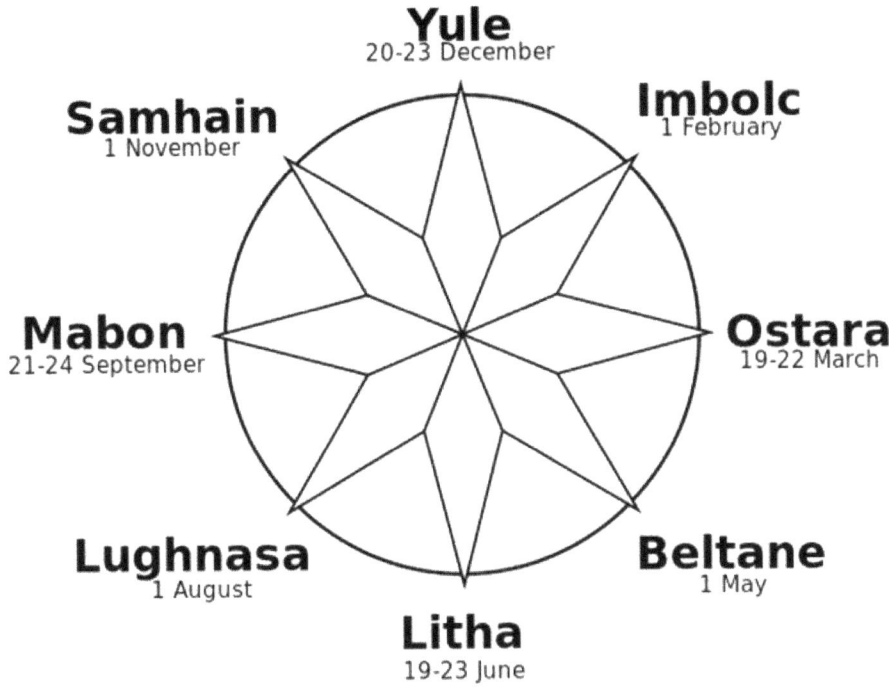

La rueda del año[62]

El objetivo principal de la rueda del año es conectarle con la naturaleza, el ciclo de las estaciones y los espíritus de sus antepasados, como con el festival de Samhain. Se trata de celebrar a la madre tierra en lugar de honrar a un dios o diosa específico.

Al igual que el calendario de los árboles, la rueda del año también representa el ciclo continuo de la vida: nacimiento, muerte y renacimiento. Sin embargo, esto no solo se aplica a la humanidad, sino también a la naturaleza. Se marchita y muere en otoño e invierno para renacer de nuevo en primavera y verano.

Algunas personas piensan que la rueda del año es Wicca, ya que celebra y honra a algunas deidades paganas, pero esto no es cierto. Los paganos y los no paganos pueden celebrar estas festividades, ya sea que adoren a las deidades celtas o wiccanas o no.

En este capítulo se hablará de la rueda del año y de las ocho fiestas celtas, y de todas las prácticas y tradiciones asociadas a ellas.

Los festivales del solsticio y el equinoccio en la rueda del año

Los equinoccios de otoño y primavera y los solsticios de verano e invierno se encuentran en los puntos este, oeste, norte y sur de la rueda del año. Estos puntos también se denominan "días solares", ya que marcan el momento en que el sol está más fuerte en el cielo y el día más largo del año. Del mismo modo, también pueden marcar los días en los que el sol está más débil en los cielos y el día más corto del año. Los festivales del solsticio son Yule/solsticio de invierno (21 de diciembre) y Litha/solsticio de verano (21 de junio).

El equinoccio tiene lugar cuando el sol pasa por el ecuador, y los días se vuelven tan largos como las noches. La palabra equinoccio es de origen latino. Se deriva de las palabras *aequus* y *nox* que significan igual y noche, respectivamente. Estos festivales son Ostara (21 de marzo) y Mabon (21 de septiembre).

Los puntos de los cuartos cruzados se refieren a los festivales que tienen lugar entre el solsticio y los equinoccios durante el pico de las cuatro estaciones.

Estas festividades a menudo se llaman las cuatro grandes fiestas del fuego o los principales sabbats, y son:

- Samhain
- Imbolc
- Beltane
- Lugaid

Al igual que los signos del zodíaco, los cuartos de punto de la rueda del año están asociados con los cuatro elementos.

- El norte es la Tierra.
- El sur es fuego.
- Este es aire.
- El oeste es agua.

Hay un quinto elemento en el centro de la rueda llamado fuente o espíritu, y representa el mundo invisible que existe a su alrededor, como el alma que le da vida y el amor que une al mundo entero.

Estos cinco elementos son significativos en la mitología celta y en las tradiciones espirituales. Se asocian con lugares sagrados, espíritus de la naturaleza y deidades. Por esta razón, los antiguos celtas los veneraban mucho. Cada uno de los ocho festivales también está asociado con tipos de cristales, colores, hierbas y plantas.

La historia de las fiestas celtas

En Francia, los historiadores descubrieron un calendario celta que mostraba a los antiguos irlandeses celebrando cuatro festivales de fuego que honran los movimientos del sol a lo largo de las estaciones. Estas fiestas incluyen dos equinoccios y dos solsticios. Cuando los antiguos sajones y los pueblos germánicos se entrelazaron con los celtas, los introdujeron en las otras cuatro fiestas. Las ocho fiestas hacen la rueda del año, y cada una de ellas se celebra cada mes y medio.

Aunque los antiguos celtas y neopaganos celebraban estos festivales para honrar a la naturaleza, la rueda del año era especialmente importante para los antiguos agricultores celtas. Dependían de ella para marcar los cambios estacionales y determinar cuándo arar, sembrar y cosechar sus productos.

Los nombres de los festivales celtas se derivan de culturas antiguas como la germánica, la anglosajona, la nórdica y la celta.

El significado espiritual de la rueda del año

La rueda del año alterna entre festivales que celebran los cambios de las estaciones o festivales que se inspiran en tradiciones ancestrales. Los celtas celebraban estas ocasiones ofreciendo ofrendas a sus deidades y agradeciéndoles todos sus regalos. Estos ciclos estacionales les enseñaron que el cambio era necesario, que una parte importante de la naturaleza y la vida debía ser aceptada y abrazada. Aprovecharon este tiempo para conectar con su lado espiritual y realizar rituales específicos para honrar a la naturaleza.

Estas fiestas representan la unidad entre lo natural y lo sobrenatural, el mundo espiritual y el físico.

Para muchas personas, el solsticio es un momento de autorreflexión, ya que tiene lugar después de la primera mitad del año. Puedes pensar en lo que has logrado en los últimos seis meses y dónde esperas terminar para fin de año. Por otro lado, el equinoccio se trata de traer equilibrio a tu vida mientras se observa la duración igual del día y la noche y la oscuridad y la luz.

Los cuatro grandes festivales del fuego le permiten disfrutar de la vida y estar agradecido por todas las bendiciones que la naturaleza te otorga cada temporada. Es un momento para conectarse con la madre tierra durante el punto más alto de sus ciclos estacionales.

Ahora que has aprendido sobre la rueda del año, la segunda parte del capítulo se centrará en cada uno de los ocho festivales de temporada.

Noviembre (31 de octubre)

Pronunciación
En Irlanda, Samhain se pronuncia como "Sow-wen".

Colores
Naranja, dorado, plateado, morado y negro.

Cristales
Ónix, piedra de sangre, cuarzo ahumado y cuarzo transparente.

Plantas y hierbas
Salvia, nuez moscada, ajo, romero y caléndula.

Alimentos y bebidas
Calabaza, carne, papas, manzanas y chirivías.

Incienso
Mirra, canela, menta, incienso y salvia.

Significado
En gaélico, la palabra Samhain significa "fin del verano". Este día marca el año nuevo en las tradiciones celtas y el comienzo de la rueda del año. Los celtas creían que durante este tiempo, el velo entre el mundo de los vivos y el reino de los muertos estaba en su punto más débil, y los espíritus podían vagar libremente entre los dos mundos. Aunque esto puede sonar como la trama de una película de terror, para los celtas, este pensamiento les proporcionó consuelo. Estaban felices sabiendo que los espíritus de sus antepasados y sus seres queridos fallecidos vendrían a visitarlos.

Sin embargo, algunos de estos espíritus podrían haber regresado para vengarse de una persona que les hizo daño o fue responsable de su muerte. En este caso, algunas personas llevaban máscaras para esconderse de ellos.

No eran solo los espíritus de los muertos los que visitaban el reino de los vivos, sino que todas las criaturas del otro mundo, como las hadas, cruzaban. La gente se protegía de estas entidades disfrazándose para ocultar sus identidades.

Práctica y rituales

Los rituales de Samhain incluyen banquetes, bailes, construcción de altares para los antepasados y presentación de ofrendas, uso de máscaras y tallado de calabazas. Los antiguos celtas también tenían cenas silenciosas colocando un asiento y un plato adicionales en la mesa del comedor para su antepasado muerto o un ser querido fallecido y comiendo en silencio. Dieron la bienvenida a los espíritus cocinando sus comidas favoritas, dejando golosinas afuera y colocando velas en su ventana para guiarlos.

Tienefe razón si crees que los rituales de Samhain son bastante similares a los de Halloween. La fiesta moderna se basa en la antigua celebración celta.

Yule/Solsticio de invierno (20-23 de diciembre)

Pronunciación

Yule se pronuncia como "Yool".

Colores

Dorado, verde y rojo.

Cristales

Cuarzo claro, citrino, esmeralda y piedra de sangre.

Plantas y hierbas

Hojas de roble, nuez moscada, clavo, canela, abeto y pino.

Alimentos y bebidas

Frutos secos, sidra caliente, vino y sopa.

Incienso

Pino, canela, incienso y cedro.

Significado

El festival de Yule representa el renacimiento, la renovación y el crecimiento. Cae en el día más frío y corto del año, que se conoce como el *solsticio de invierno*. Dado que los celtas y los druidas veneraban mucho a los árboles, celebraban Yule saliendo y decorando árboles de hoja perenne, que creían que eran símbolos de vida y supervivencia.

Yule es también una celebración de la victoria del rey Roble sobre su hermano, el rey Sagrado. Los dos hermanos simbolizan las cuatro estaciones. El rey Santo gobernó sobre la Tierra durante la primera parte del año, cuando hacía frío y estaba oscuro. Sin embargo, a medida que los días se hicieron más largos, el rey Roble volvió a la vida, mató a su hermano y reinó sobre la Tierra.

Práctica y rituales

Muchas personas practican los rituales de Yule quemando un tronco de Navidad, decorando un árbol, colgando un muérdago, haciendo una corona, encendiendo velas, preparando un banquete, intercambiando regalos y construyendo un altar. La gente también quemaba hogueras que representaban el regreso del sol, ya que los días se hacían más largos después de Yule. También celebran esta fiesta cantando y encendiendo una hoguera donde las familias y amigos se reúnen para lanzar acebo para simbolizar dejar atrás el pasado y abrazar el futuro.

Los troncos utilizados en estos rituales deben ser cortados, no comprados. También debe guardar un pedazo de él para quemarlo en el próximo Yule como símbolo de continuidad.

Los rituales y tradiciones navideñas también se tomaron prestados de Yule.

Imbolc (2 de febrero)

Pronunciación

Imbolc se pronuncia como "ˈɪmbɒlk".

Colores

Verde claro, blanco y rosa.

Cristales

Hematita, citrino, turquesa, amatista.

Plantas y hierbas

Hamamelis, campanillas de invierno, canela, manzanilla y mora.

Alimentos y bebidas

Avena, pan, semillas de calabaza y girasoles.

Incienso

Manzanilla, jazmín, lirio y vainilla.

Significado

Imbolc se deriva de la antigua palabra irlandesa *oimelc*, que significa dentro del vientre o leche de oveja, y representa a las ovejas preñadas. Significa el vientre de la madre tierra, de donde emerge la primavera. Esta es la época del año en que las flores, los árboles y todas las demás plantas despiertan de su largo sueño.

Este festival tiene lugar entre el solsticio de invierno y el equinoccio de primavera. Representa la fertilidad, el renacimiento, la esperanza, la purificación y los días mejores.

Imbolc celebra a Brígida, la diosa de la fertilidad, la primavera, la poesía y la medicina. Marca el final del frío y oscuro invierno y da la bienvenida a la primavera y a la temporada agrícola. Imbolc es un momento para nuevos comienzos y crecimiento.

Práctica y rituales

La gente celebra encendiendo hogueras para purificarse y honrar al sol. También hacen muñecas Brígida o cruces con tallos de maíz y las cuelgan en sus puertas o dentro de sus casas. La gente también colocó una escoba en la puerta de su casa para simbolizar barrer el pasado y todas las cosas que ya no les sirven para hacer espacio para el futuro y todo lo que tiene para ofrecer.

Ostara/Equinoccio de Primavera (20-23 de marzo)

Pronunciación

Osatra se pronuncia como "oh s t aa er".

Colores

Tonos de verde, rosa, amarillo y blanco.

Cristales

Cuarzo rosa, amatista y aguamarina.

Plantas y hierbas

Campanillas de invierno, tulipanes, azafrán, narcisos, hierba gatera, hierbabuena, hierba de limón, trébol y reina de los prados.

Alimentos y bebidas

Miel, pan, lechuga, espinacas, col rizada y huevos.

Incienso
Narciso, violeta, jazmín, sándalo, fresa y rosa.
Significado
Ostara se deriva de Eostre, la diosa del amanecer y la primavera, y celebra la llegada de la primavera y los nuevos comienzos. En la mitología celta, Eostre despertó de su largo sueño en Ostara y resurgió de debajo de la tierra. En otro mito, el festival honra el día en que la diosa quedó embarazada del dios del sol, que nació en Yule. Algunas tradiciones combinan los dos mitos.

Ostara se asocia con el renacimiento, la nueva vida, la fertilidad y el equilibrio, ya que el día y la noche, la luz y la oscuridad, son iguales. Este es un momento que da esperanza a las personas al presenciar la llegada de la primavera después del oscuro y frío invierno.
Práctica y rituales
La gente celebra esta fiesta organizando banquetes, encendiendo fuegos, coloreando y decorando huevos. Esta festividad está asociada a la Semana Santa, por lo que ambas tienen rituales y prácticas similares.

Beltane (1 de mayo)
Pronunciación
Beltane se pronuncia como "beltayn".
Colores
Amarillo, verde, azul y rojo.
Cristales
Cuarzo rosa, malaquita, berilo, piedra solar, esmeralda.
Plantas y hierbas
Rosa, roble, prímula, pimentón, reina de los prados, diente de león, espino y narciso.
Alimentos y bebidas
Pasteles, avena, flor de saúco, pan dulce y vino.
Incienso
Vainilla, melocotón, ylang-ylang, incienso y rosa.
Significado
Este festival marca el comienzo del verano, celebrando la fertilidad y la luz. La palabra Beltane significa fuego de Bel (fuego brillante) y también

es el nombre del dios celta del sol. Este es el momento en que el día se vuelve más largo que la noche y los seres naturales y sobrenaturales, como los espíritus y las hadas, despiertan de su sueño. Con su fuego ardiente, Beltane se asocia con la pasión y la lujuria.

Prácticas y rituales

La gente celebra Beltane construyendo un altar de hadas, haciendo una corona de flores, rezando, bailando y celebrando bodas. También encienden hogueras, simbolizando la pasión, dejar de lado tus inhibiciones y seguir el deseo de tu corazón. Los antiguos celtas también celebraban Beltane bailando en la naturaleza alrededor de los árboles. También vestían a una niña con ropas coloridas y colocaban una corona de flores sobre su cabeza para simbolizar a la diosa de la primavera.

Los antiguos celtas colocaban una rama marrón en sus casas para protegerlos de las hadas u otras entidades sobrenaturales que despertaban. Muchas personas también se casan en este día, ya que se asocia con la pasión.

Litha/solsticio de verano (20-23 de junio)

Pronunciación

Litha se pronuncia tal como está escrito, y la "th" es suave.

Colores

Naranja, amarillo, dorado y rojo.

Cristales

Esmeralda, topacio amarillo, calcita, citrino y piedra solar.

Plantas y hierbas

Verbena, tomillo, romero, menta, manzanilla, caléndula, artemisa, gordolobo, lavanda, salvia, rosa, girasol y diente de león.

Alimentos y bebidas

Miel, zanahorias, calabaza, helado y sidra de manzana.

Incienso

Salvia, limón, naranja, almizcle, lavanda y rosa.

Significado

Litha marca el día más largo del año cuando el sol está en su apogeo. También es cuando el calor del sol comienza a debilitarse y el día se acorta. Este festival tiene lugar en pleno verano, cuando la naturaleza está en su punto más fuerte, los días son cálidos y las plantas florecen.

En la mitología celta, el rey Roble cedió su reino a su hermano, el rey Sagrado, durante Litha. Es una ocasión especial que honra la victoria de la luz sobre las tinieblas. También es un símbolo de que no importa cuán oscura o difícil sea la vida, las cosas siempre mejorarán y el sol volverá a brillar.

La palabra *Litha* es de origen anglosajón y significa junio.

Prácticas y rituales

Esta fiesta se celebra encendiendo hogueras, festejando, comiendo frutas frescas y bailando. Los antiguos celtas practicaban ciertos rituales para protegerse de las criaturas sobrenaturales que resurgieron durante Beltane, ya que se volvieron muy poderosas en Litha y podían propagar el caos y causar daño.

Lugaid (1 de agosto)

Pronunciación

Lughnasadh se pronuncia como "LOO-nuss-uh".

Colores

Amarillo, marrón claro, dorado y verde.

Cristales

Peridoto, ojo de tigre, ámbar, topacio dorado, citrino.

Plantas y hierbas

Hiedra, trébol, endrino, albahaca, brezo y granos.

Incienso

Incienso, rosa, menta y sándalo.

Significado

Lughnasadh celebra la temporada de cosecha y marca el período entre el verano y el otoño. Lleva el nombre de Lugh, el dios de la luz y el sol, debido a una leyenda que lo vincula con este festival.

La madre de Lugh, Tailtiu, la diosa de la soberanía, se preocupaba más por la humanidad y su bienestar que por ella misma. Pasaba sus días preparando las tierras para el cultivo. Sin embargo, trabajó tan duro que su cuerpo no pudo soportarlo más y murió. Cada año, Lugh honraba a su madre con una lujosa fiesta que llegó a conocerse como Lughnasadh.

Este festival se lleva a cabo en los últimos meses del año, por lo que es una oportunidad para cosechar los beneficios de todo su arduo trabajo. Es el momento de la autorreflexión y de preguntarse si ha logrado todos sus objetivos o si debe evaluar sus elecciones y decisiones y hacer ajustes.

Prácticas y rituales

Los antiguos celtas presentaban ofrendas de su cosecha a sus dioses y diosas en Lughnasadh. También honrarían a Tailtiu practicando deportes como el boxeo y la lucha libre. La gente también lo celebraba encendiendo hogueras y casándose.

Mabon/equinoccio de otoño (20-23 de septiembre)

Pronunciación

Mabon se pronuncia como "maybn".

Colores

Naranja, amarillo, dorado y marrón.

Cristales

Lapislázuli, zafiro, cuarzo, ámbar y citrino.

Plantas y hierbas

Caléndula, manzanilla, romero y salvia.

Incienso

Incienso, manzana, canela, pino y salvia.

Significado

Mabon es el último festival en la rueda del año. Es un momento para reflexionar sobre sus pérdidas y ganancias. Aunque celebrar el equinoccio de otoño es una tradición antigua, el nombre *Mabon* es relativamente nuevo. Al escritor wicca Aidan Kelly se le ocurrió. Nombró el festival en honor a Mabon y Modron, el dios cazador galés.

El festival marca la pérdida del dios celta de la fertilidad Cernnunos, que iba al inframundo todos los años durante el equinoccio de otoño y resurgió como el hombre verde para simbolizar el renacimiento y el crecimiento.

Prácticas y rituales

La gente celebraba Mabon erigiendo un altar para honrar a Cernunnos y expresando su gratitud por su cosecha y todas las bendiciones que la naturaleza les otorgaba.

Cada festival en la rueda del año tiene su propio nombre y rituales únicos. Sin embargo, hay una cosa que todos comparten en común: la naturaleza. La mayoría de la gente da por sentada la naturaleza y el cambio de las estaciones, pero ¿te imaginas cómo sería el mundo si solo hubiera una estación?

El cambio es necesario, y cada temporada es un recordatorio de que nada en la vida dura. Es un pensamiento reconfortante saber que la luz siempre vendrá después de la oscuridad. Sin embargo, también te recuerda que los días soleados y cálidos no durarán para siempre, así que aprécialos y disfrútalos mientras duren.

Recuerda, la rueda del año siempre seguirá girando, y los buenos días vendrán tarde o temprano.

Capítulo 7: El árbol de la vida

¿Alguna vez has visto a un irlandés con un colgante de árbol? Probablemente pensaste que era una pieza de joyería al azar, pero lo que quizás no sepas es que este no es un árbol ordinario. Es el árbol de la vida, uno de los símbolos más significativos de la mitología celta. Representa la esencia de la vida, un concepto popular que ha aparecido en muchas mitologías, religiones y culturas a lo largo de la historia. El concepto del árbol de la vida existe en diferentes creencias y creencias.

El árbol de la vida celta [68]

Aunque muchas culturas antiguas utilizaban este símbolo, tenía un significado especial entre los celtas, quienes, a su vez, influyeron en sus descendientes irlandeses. A pesar de que tiene cientos de años, la gente todavía lo aprecia y lo usa en joyas, pintura, decoraciones, etc.

Los celtas y los druidas eran muy venerados. Aparecieron en diferentes partes de su mitología, como el calendario del árbol celta. Los árboles también jugaron un papel muy importante en su vida diaria. Eran una fuente de alimento, medicina y refugio, y quemaban su madera para mantenerlos calientes durante el invierno. No es de extrañar que los druidas los consideraran sagrados. Los árboles siempre han sido una fuente de vida, y los antiguos irlandeses dependían de ellos en todos los aspectos de sus vidas.

En la mitología celta, los árboles tenían un significado espiritual; Actuaban como portales entre el mundo de los vivos y el reino espiritual. Los druidas también creían que los espíritus de sus antepasados permanecían en los árboles, lo que los hacía encantar. Por lo tanto, recurrían a sus árboles sagrados en tiempos difíciles o cuando necesitaban ayuda. Los druidas también presentaban ofrendas a los dioses y elegían a sus jefes bajo los árboles.

Los antiguos celtas asociaban el árbol de la vida con las fuerzas de la naturaleza, ya que se unen para crear equilibrio y armonía para la humanidad y el universo. También representaba la fuerza, el conocimiento, el poder, la sabiduría y la protección. Abarcaba todos los elementos naturales y espirituales necesarios para la vida en la Tierra.

El árbol de la vida es un símbolo complejo y de múltiples capas que refleja la antigua cultura y tradiciones irlandesas. Representa la estabilidad, la fuerza y la fe, y los druidas y celtas creían que era el centro del universo.

Este capítulo detallará el significado del árbol de la vida, sus diferentes partes y lo que simboliza cada una.

La historia del árbol de la vida

No es exagerado decir que este símbolo es tan antiguo como los seres humanos. En la mitología nórdica, los vikingos trajeron consigo su árbol de la vida cuando llegaron a Irlanda, lo que podría haber influido en los celtas para crear el suyo propio. Se cree que los antiguos egipcios fueron las primeras personas en crear y utilizar este símbolo. También se encontró tallado en sus tumbas y otros monumentos. En otras palabras, los celtas no fueron los que inventaron el concepto del árbol de la vida, ya que existía siglos antes de que surgiera la antigua civilización irlandesa.

Si bien todos los países y religiones consideran que el árbol de la vida es sagrado, cada uno le asigna un significado diferente en función de sus propias creencias e ideologías.

El árbol de la vida en la mitología griega y romana

En la mitología griega y romana, el árbol de la vida es bastante similar al árbol celta, ya que sus raíces se extienden hasta el inframundo y sus ramas llegan hasta las estrellas o los cielos.

El árbol de la vida en el Antiguo Egipto

Los antiguos egipcios creían que las ramas del árbol de la vida representaban la abundancia y los cielos, mientras que sus raíces simbolizaban la muerte. En la antigua mitología egipcia, Isis, la diosa de la magia y la sabiduría, y Osiris, el dios de la muerte y el renacimiento, surgieron del árbol de la vida.

El árbol de la vida en la mitología nórdica

El árbol de la vida también se llama Yggdrasil o el Árbol de la Vida vikingo. Es un fresno y uno de los símbolos más sagrados de la mitología nórdica. Los nueve mundos del universo se erguían sobre sus ramas. Si algo le sucediera a este árbol, el mundo perecería.

El árbol de la vida en China

Hay una historia famosa en la mitología china sobre un melocotonero encantado que produce frutos una vez cada tres mil años. Quien coma uno de sus frutos será inmortal. Este árbol de la vida chino se representa de manera diferente a su contraparte celta. Tiene un fénix en la parte superior y un dragón en la parte inferior.

El árbol de la vida en la civilización maya

Los mayas creían que cuando se creó el universo, había un gran árbol que conectaba el otro mundo, el mundo físico y el cielo. Todo en la vida vino de este árbol. Este es el árbol de la vida y el origen del universo.

El árbol de la vida en el Budismo

Los budistas creen que Buda alcanzó la iluminación mientras estaba sentado bajo el árbol de la vida, Bodhi. En el budismo, este árbol sagrado representa la existencia y la iluminación.

Hinduismo

Los hindúes creen que su árbol de la vida crece al revés; Sus ramas son subterráneas mientras que sus raíces llegan hasta el cielo. Este árbol bendice a las personas y les proporciona lo que necesitan para sobrevivir.

El árbol de la vida en la cultura africana

En África, el árbol de la vida es el Baobab. Aunque el clima en esta área es seco y algunas plantas luchan por crecer, siempre hay frutos que crecen en este árbol sagrado. Por esta razón, los africanos lo veneran mucho, ya que es la fuente de alimento y vida.

El árbol de la vida en Bahréin

Curiosamente, en Bahréin, hay un árbol en medio del desierto que se mantiene erguido en el clima cálido y seco. Tiene más de cuatrocientos años de antigüedad, y nadie sabe cómo sobrevivió todos estos años, ya que no hay ninguna fuente de agua cerca de él. Es un árbol milagroso que representa el poder y la magia. Los lugareños se refieren a él como el árbol de la vida.

El árbol de la vida en el cristianismo

La Biblia menciona la historia de Adán y Eva y cómo desobedecieron a Dios y comieron del árbol prohibido. Se cree que es el árbol de la vida, que simboliza el amor y la sabiduría de Dios.

El árbol de la vida en el islamismo

El árbol prohibido o árbol de la inmortalidad también se menciona en el Corán. Otros árboles en el Islam se asemejan al árbol de la vida: el árbol del conocimiento, el árbol infernal y el árbol del loto.

El árbol de la vida en la cábala

En la cábala, una rama mística del judaísmo, el árbol de la vida es un símbolo o ilustración, no un árbol real. Conecta a la humanidad con el ángel y lo divino.

El árbol de la vida en los nativos americanos

Al igual que los celtas, los nativos americanos tienen muchos mitos y leyendas sobre sus árboles sagrados y asignan un significado a cada uno de ellos. En una de estas historias, hablaron de un árbol gigante que conectaba el reino de los espíritus, el mundo físico y los cielos.

El árbol de la vida en la mitología celta

Los celtas y los druidas creían que los árboles los conectaban con sus familias, antepasados muertos y sus dioses y diosas. Creían que el árbol de la vida era un símbolo de la vida después de la muerte y los conectaba con el mundo de los espíritus y los cielos.

Mito sobre el árbol de la vida

El árbol de la vida aparece en muchos mitos y leyendas irlandesas, pero hay un cuento que refleja la importancia del árbol; es el mito de la fundación de Irlanda.

Había un gigante llamado Treochair que vivía en el otro mundo. Un día trajo una rama del árbol de la vida a la Tierra. La sacudió un par de veces, y de ella cayeron bellotas, manzanas y nueces. Luego los plantó en el norte, sur, este, oeste y centro de la isla Esmeralda. Por lo tanto, los cinco árboles sagrados que protegen y custodian a Irlanda fueron creados a partir del árbol de la vida.

Es un roble

Los celtas a menudo describían el árbol de la vida como un roble, ya que es uno de los árboles más antiguos, majestuosos y poderosos del mundo. Si observa cualquier roble, se darás cuenta de que es enorme y uno de los árboles más altos que jamás verá. Por lo tanto, atraen los rayos. Cuando los celtas observaron este fenómeno, creyeron que era un mensaje divino de los dioses que les ordenaba adorar a estos árboles.

Daur es la palabra gaélica para roble, de la que se origina la palabra inglesa door. Esto se deriva de la creencia de que los árboles sagrados son puertas de entrada a otro mundo. De hecho, los celtas creían que si dormían bajo un roble, podrían despertar en el reino de los espíritus.

Los celtas asociaban el corazón de un roble con la fertilidad. También creían que dentro de cada roble se encuentran los secretos y la sabiduría del universo.

Dado que el nombre de los druidas se deriva de la palabra gaélica para roble, se les consideraba los guardianes de la puerta de entrada al otro mundo y expertos en magia de árboles.

Árbol de Betania

Al igual que los nórdicos, los celtas tenían un término para el árbol de la vida, llamado Crann Bethadh en gaélico, que significa el árbol que se alimenta. Cada vez que se mudaban a una nueva ciudad o construían nuevos asentamientos, lo primero que hacían los celtas era plantar un roble para garantizar la abundancia y la prosperidad.

Todos los robles de la antigua Irlanda representaban este símbolo sagrado. No se pensó en construir una ciudad sin este majestuoso árbol erguido y protegiendo las tierras. En tiempos de guerra, los soldados cortaban el Crann Bethadh de sus enemigos. Creían que esto debilitaría sus defensas y los haría vulnerables y fáciles de derrotar. De hecho, a menudo celebraban cuando cortaban el árbol de la vida de sus adversarios porque sabían que sus enemigos perderían la guerra sin su apoyo.

Las partes principales del árbol de la vida

Si observas una ilustración del árbol de la vida, notarás que las ramas y las raíces son largas y están en perfecta simetría, y ambas se reflejan entre sí para reflejar el equilibrio y la armonía. Esta representación no es aleatoria. Tiene un significado más profundo detrás. Las largas ramas que se elevan hasta el cielo y las raíces que se extienden profundamente bajo la tierra simbolizan la conexión entre la mente y el cuerpo, lo espiritual y lo físico, y el cielo y la Tierra.

Los celtas quedaron impresionados por su fuerte sistema de raíces. Observaban el tamaño y el peso del roble y se preguntaban cómo sus raíces se las arreglaban para llevar y sostener algo tan grande. Como resultado, el árbol de la vida se convirtió en un símbolo de fuerza. Hasta el día de hoy, la gente lo mira con asombro por su poder. Aunque muchos otros símbolos celtas reflejan fuerza, ninguno iguala su majestuosidad.

Muchos símbolos irlandeses antiguos incluyen el nudo celta, un patrón de nudo en bucle sin principio ni fin. En otras palabras, es infinito, lo que representa la vida eterna. El nudo en el árbol de la vida significa este ciclo de vida sin fin.

Aunque hay muchos diseños, siempre se muestra como un árbol con múltiples raíces y ramas extendidas por encima.

Interpretaciones de las partes principales del árbol de la vida

- **Raíces:** Simbolizan la conexión con la tierra y la existencia física. Representan la base de la vida y la importancia de mantenerse arraigado en los orígenes. Las raíces también simbolizan la conexión con el pasado y la sabiduría de los ancianos. También encarnan el origen de la familia, como los antepasados o los abuelos.
- **Tronco:** Simboliza el cuerpo y la fuerza física. Representa la capacidad de mantenerse erguido y capear las tormentas de la vida. También personaliza la conexión entre el mundo espiritual y el mundo material. Además encarna a los padres, ya que actúan como enlace entre las raíces y las hojas. El tronco del árbol existe en la Tierra.
- **Ramas:** Representan el crecimiento y la expansión. Simbolizan el potencial de crecimiento personal y espiritual y la capacidad de alcanzar los cielos. Las ramas también encarnan la vida eterna del alma humana.
- **Hojas:** Simbolizan la abundancia, la fertilidad y la renovación, así como los ciclos de vida y muerte que forman parte del mundo natural. También representan a los descendientes de una familia.

El simbolismo del árbol de la vida

Hay varias interpretaciones de este antiguo símbolo celta. Dado que no hay muchos registros sobre los celtas o cómo solían vivir sus vidas, los estudiosos investigaron y analizaron la poca información que tienen para desarrollar estas explicaciones. Como nada es concreto, puede llegar a sus propias interpretaciones. El árbol puede significar algo diferente para muchas personas dependiendo de cómo le haga sentir.

El significado detrás del árbol de la vida también ha cambiado desde la época de los celtas. Sin embargo, una interpretación sigue siendo la misma: que representa el círculo de la vida.

Inmortalidad

El roble es uno de los árboles más longevos del mundo, ya que puede vivir seiscientos o incluso mil años. Cuando el árbol echa raíces y comienza a morir, sus semillas de bellota pueden convertirse en un gran roble. Curiosamente, esta es la representación perfecta del círculo de la vida. Esto también llevó a los celtas a creer que el roble era inmortal, mientras que otros creían que eran sus antepasados reencarnados.

Conexión espiritual

Los círculos que se encuentran en muchas ilustraciones del árbol de la vida simbolizan la inclusión y la conexión. El árbol también representa la conexión entre los reinos físico y espiritual, el puente entre el cielo y la Tierra. Esto muestra que todos los seres vivos están unidos.

Renacimiento y cambio

Uno puede decir que las estaciones están cambiando al observar los árboles. En el otoño, sus hojas se vuelven amarillas; En la primavera, sus flores florecen y las hojas están llenas de vida. Sin embargo, los árboles no se marchitan ni mueren cuando cambia el clima. Se mantienen fuertes y se adaptan al cambio y siguen creciendo.

Las hojas que caen en invierno y crecen en primavera representan el renacimiento y la vida humana. A pesar de que experimentas cambios todo el tiempo, ya sean negativos o positivos, sigues creciendo y aprendes a soportar y abrazar lo que la vida tiene para ofrecer.

Sabiduría y fuerza

La sabiduría siempre se ha asociado con la vejez. De ahí que los robles se convirtieran en un símbolo de sabiduría y fuerza entre los celtas. Observaron este árbol erguido durante siglos contra los truenos, la lluvia, las tormentas y los constantes ataques de animales y seres humanos.

Los celtas creían que, dado que los robles pasaban más tiempo en la Tierra que cualquier otro ser humano, habían visto muchas cosas en este mundo y soportado adversidades al estar expuestos a condiciones climáticas adversas. Se convirtieron en un símbolo de conocimiento y resistencia.

Familia

El árbol de la vida no solo simboliza el vínculo entre el cielo y la Tierra, sino también las conexiones familiares. Hay una razón por la que las personas a menudo usan el término árbol genealógico cuando hablan de sus antepasados. Las ramas representan a los miembros antiguos de la familia y a todos los niños que han nacido.

Si mira su árbol genealógico, verá fotos de sus antepasados fallecidos y de los nuevos miembros de su familia. Esto simboliza el círculo de la vida, con un final de vida y otro comienzo.

Crecimiento

Dado que los árboles viven durante siglos, crecen lentamente a lo largo de cientos de años. El roble comenzó su vida como una pequeña semilla que creció con el tiempo hasta convertirse en un gran árbol. El árbol de la vida puede representar el crecimiento y cómo los seres humanos siguen creciendo y cambiando hasta el final de sus vidas.

Rituales y celebraciones

Los árboles jugaban un papel importante en los rituales de los druidas y en los festivales y celebraciones celtas. Por ejemplo, para celebrar a Beltane, los celtas decoraban un árbol con flores y cintas para simbolizar el Crann Bethadh y danzaban a su alrededor. Durante Samhain, se reunían alrededor de los robles y rezaban a sus antepasados.

El árbol de la vida en los tiempos modernos

Muchos irlandeses todavía se aferran a las creencias de sus antepasados. Si visita Irlanda, verá cómo incorporan símbolos antiguos en muchos diseños. El árbol de la vida siempre será popular y especial entre los irlandeses de todas las edades. Algunos incluso se lo tatúan en el cuerpo.

También es uno de los diseños más comunes grabados en las urnas irlandesas, ya que muestra que la muerte no es el final. Es un recordatorio de que sus seres queridos no se han ido para siempre; renacerán. En la superficie, el Crann Bethadh parece un árbol normal, pero cuando aprende su verdadero significado, puede brindarle consuelo. La muerte no es algo a lo que temer, sino simplemente un capítulo en el ciclo continuo de la vida. En algunas culturas antiguas, los funerales eran eventos felices porque sabían que la persona se reencarnaría o pasaría la eternidad en el otro mundo.

Muchas culturas y religiones creyeron en el árbol de la vida antes que los celtas. Era un concepto popular al que muchas personas le asignaban significado, leyenda y creencias. Creían que era poderoso y mantenía unido al universo y que el mundo dejaría de existir sin él.

Todas las culturas antiguas necesitaban el concepto del árbol de la vida. Querían algo más grande que ellos para representar el ciclo de la vida y recordarles que la muerte no era el final. Los celtas crearon este símbolo para conectarlos con todas las cosas que estaban fuera de su alcance, como los cielos, el reino de los espíritus y sus antepasados fallecidos. Esto les proporcionó el consuelo de que el universo estaba a salvo y en buenas manos.

Los celtas y los druidas tenían a los árboles en muy alta estima. Al leer sobre su historia, descubrirá que desempeñaron un papel importante en su vida diaria, sus prácticas religiosas y su espiritualidad.

Mirando a su alrededor en la naturaleza, descubrirá que nada es más poderoso o majestuoso que los árboles. Se las arreglan para mantenerse erguidos y fuertes sin importar lo que las fuerzas de la naturaleza les arrojen. Los celtas los encontraron inspiradores. Si también pasa un tiempo en la naturaleza y reflexionas sobre estas magníficas plantas, también le conmoverán.

Capítulo 8: Los animales como símbolos celtas

Los animales influyeron en numerosas partes de la antigua vida celta. Dieron forma a su religión, sociedad, guerra, economía, arte y literatura. Este capítulo profundiza en el papel que desempeñaron los animales en la mitología y la espiritualidad celta. Al leerlo, entenderá qué es el animismo y su significado en la antigua sociedad celta. Descubrirá cómo los antiguos celtas se acercaban e interactuaban con los animales y se encontrará con muchas historias interesantes e informativas de deidades relacionadas con los animales en el panteón celta.

Los animistas son capaces de conectarse con la naturaleza espiritual y místicamente[64]

¿Qué es el animismo?

Existe la idea errónea de que el animismo es una religión. Si bien el animismo está profundamente ligado al mundo de la espiritualidad, es una perspectiva del universo específica de la cultura. Los animistas creen que hay otro mundo donde residen los espíritus. Según esta creencia, los espíritus pueden entrometerse en los asuntos humanos, ofrecer protección y orientación, o dañar a las personas. El animismo es la creencia de que todo en la naturaleza, como las plantas, los animales, las rocas y los cuerpos de agua, tiene un espíritu.

Los animistas tienen una forma única de experimentar el mundo. Saben cómo conectarse con la naturaleza entendiendo las frecuencias energéticas que conectan todo. Dado que los animistas tienen vibraciones energéticas más altas y están sintonizados con las energías del universo, tienen niveles más altos de conciencia. Esto enriquece sus esfuerzos espirituales y los hace más receptivos a los mundos natural y espiritual. Los animistas entienden que lo sobrenatural está interconectado con lo terrestre.

Los antiguos celtas y el animismo

El animismo se entretejió en la antigua tradición celta porque, en ese momento, el mundo se basaba predominantemente en la naturaleza y todas las cosas naturales. Los animales salvajes vagaban libremente y los humanos desarrollaron una cultura forestal. Rezaban a los robles, vivían en montañas y bosques, buscaban sombra bajo los árboles, cazaban y recolectaban para sustentarse. Prosperaron gracias a la agricultura y basaron su calendario y festividades en el sol y la agronomía. No hace falta decir que los antiguos celtas estaban mucho más conectados con la naturaleza que los humanos del mundo moderno.

Los antiguos celtas dependían de los recursos naturales para sobrevivir, por lo que rezaban fervientemente a sus dioses por cosechas abundantes, suelo fértil y buen clima. Creían que debían retribuir al mundo y a las deidades para cosechar las recompensas de la Tierra, por lo que vivían en armonía y profundamente conectados con la naturaleza. Realizaban rituales, hacían ofrendas y vivían concienzudamente para desempeñar su papel en el universo.

Los antiguos celtas creían que todo en la naturaleza estaba protegido por un espíritu guardián. También pensaban que los animales eran los mensajeros de las deidades. Algunos relatos sugieren que los antiguos celtas pensaban que algunas de las deidades se manifestaban en forma de animales, mientras que otros afirman que veneraban a la naturaleza sin pensar necesariamente que las deidades tomaban la forma de animales. Independientemente de la relación entre los animales y las deidades, los manantiales, las colinas, las cuevas y los ríos, junto con otros elementos de la naturaleza, se consideraban sagrados.

Los celtas celebraban rituales y oraciones en ciertos lugares de la naturaleza porque creían que servían como un portal al reino espiritual. Establecieron santuarios y lugares de culto cerca de arboledas. Aquí es donde celebraban sus reuniones sociales y espirituales y llamaban a los poderes mágicos de los robles en busca de ayuda y consejo. Los antiguos celtas tenían arboledas secretas a las que llamaban *nemeta*. Creían que estos representaban la unidad entre la tierra y los cielos. Las raíces simbolizaban la Tierra y las ramas encarnaban el cielo.

Los antiguos celtas también creían que los cuerpos celestes, el clima y otros fenómenos como tormentas y tsunamis eran seres vivos. Para asegurarse de que el sol siga brillando, que llueva a niveles adecuados y que el mar no permanezca ni demasiado tranquilo ni demasiado enojado, tuvieron que apaciguar y reconocer a estas entidades. Los celtas estaban particularmente preocupados por el trueno, como se ve en las muchas representaciones de este fenómeno. Para subrayar la importancia del trueno, los celtas adoraban a Taranis, que no solo era el dios del trueno, sino que era la personificación del suceso en sí.

Lo que aprendieron de los animales

Los celtas creían que tenían mucho que aprender de los animales. A pesar de que los animales tienen sus propios lenguajes, cerebros y psiques, todavía están entrelazados con la naturaleza. Los animales están plenamente presentes y son conscientes de su entorno cuando están en la naturaleza. Los animistas interpretan de cerca el comportamiento animal y creen que pueden recibir mensajes del universo o de poderes superiores a través de ellos o ver presagios en los cambios en sus comportamientos. Las deidades que comparten características similares con ciertos animales a menudo recibían su nombre. *Epona*, la diosa de la fertilidad y protectora de los equinos, significa "caballo", y el nombre de la diosa celta del oso, Artio, también significa "oso".

Los antiguos celtas encontraron al menos algunos rasgos para admirar en casi todos los animales. Estaban seguros de que los animales habían sido bendecidos con una presencia única que los humanos nunca podrían cumplir, así como con rasgos y habilidades de los que carecían los humanos. Sabían que la única forma ética de beneficiarse y aprender de estas habilidades era honrar a los animales y acercarse a ellos con humildad y respeto.

Los animales en la mitología celta
El cuento del Cailleach

Un mito celta escocés giraba en torno a una bruja de la tormenta. Cailleach, la bruja, encarnaba la fuerza de la naturaleza y fue la responsable de desencadenar la primera nevada de la temporada. Por lo general, la bruja se ilustraba con una enorme capa a cuadros. Tenía una cara azul espantosa y el pelo largo y blanco. Siendo la deidad bruja del invierno, el cabello de Cailleach tenía motas de escarcha. Los celtas creían que tenía un ojo en medio de la frente, lo que significaba su capacidad para ver todo lo que sucede en todos los reinos. Esta era una característica compartida por todas las deidades omnipresentes.

El término gaélico *Cailleach* se deriva de la palabra *pallium* en latín, que se traduce como "velo". Es posible que los antiguos celtas hayan elegido el nombre de "velada" para referirse a la deidad de la bruja y resaltar su misteriosa esencia. Cailleach, sin embargo, ahora se interpreta vagamente como la "vieja esposa".

La leyenda dice que Cailleach fue a un estrecho cerca de la costa para lavar su manta. La capa de tartán era demasiado grande y pesada como para provocar una furiosa tormenta. El golfo de Corryvreckan, el estrecho en el que se encontraba, es conocido hoy en día por ser uno de los remolinos más grandes de la Tierra. El término *Corryvreckan* se traduce como "caldero de la tela escocesa".

El manto de la anciana se volvió tan blanco como la nieve y cubrió todo el país durante el invierno. Los animistas celtas creen que Cailleach es la deidad más poderosa del panteón escocés. En ese momento, el invierno era tan largo y duro que la gente tenía que acercarse y reconocerlo cortésmente. Las deidades en otras partes del mundo, como Grecia, eran conocidas por su belleza y lo que se consideraban características ideales en ese momento. Esta es la razón por la que muchas personas no entienden por qué alguien adoraría a una anciana.

Con poca tecnología y sin ningún lugar donde esconderse del calor abrasador del verano, los inviernos helados, los animales salvajes y otros fenómenos naturales, los antiguos celtas entendieron que la naturaleza era inesperada, implacable y aterradora. Cailleach encarnaba este aspecto oscuro y aterrador de la naturaleza y era muy venerado por ello.

Roberto I y la Araña

El rey de Escocia en ese momento, Roberto I, huyó a las islas de Escocia después de que su ejército fuera conquistado en la guerra. Encontró una cueva aislada en las islas, donde buscó refugio y elaboró cuidadosamente un plan. Al pasar al menos unos meses allí, el rey a menudo se ocupaba observando a una araña mientras construía meticulosamente su tela.

Después de que Roberto I, el rey de Escocia, fuera derrotado en batalla, buscó refugio en las islas occidentales de la nación. Terminó quedándose en una cueva durante unos meses mientras planeaba su próximo paso. Según la leyenda, el rey observó a una araña construir minuciosamente una telaraña. A pesar de que la araña promedio tarda alrededor de 60 minutos en construir su refugio, el clima hizo que el proceso fuera particularmente difícil para este arácnido.

Las tormentas destrozaban la telaraña cada vez que la araña la creaba. La pequeña criatura, sin embargo, no se rindió. Siguió reconstruyendo la web hasta que finalmente lo logró. Habiendo sido criado en una sociedad animista, Robert I aprendió mucho de la araña. El mensaje era claro: tenía que hacer frente a lo que tenía delante sin darse por vencido, y este mensaje tenía que llegar a todos.

Animismo y caza

A pesar de que los antiguos celtas veneraban a los animales, tenían que cazar para alimentarse. Se acercaban a sus presas con honor y respeto porque creían que sus vidas dependían de la vida y la muerte de estos animales. Creían que la caza era una actividad venerada y que no podían quitar la vida a los cazados sin la bendición de las deidades correspondientes. A veces sacrificaban animales domésticos a las deidades correspondientes para ganarse sus bendiciones.

También creían que no estaban dañando la naturaleza matando animales. A pesar de que tomaron algo de la naturaleza, le dieron algo a cambio. Se pensaba que el derramamiento de sangre de los animales muertos contenía los nutrientes necesarios y el poder revitalizante. El acto sagrado de cazar se celebraba porque contribuía al crecimiento de la naturaleza, a la vida de los cazadores y a las personas que alimentaban.

La leyenda de los selkie

Los antiguos celtas creían que algunos espíritus venían de varios mundos a la vez. El selkie, una criatura mitológica, era uno de ellos. Se pensaba que los selkies escoceses eran lo suficientemente poderosos como para transformarse de su forma de foca en un humano una vez que abandonaron el mar. Hay una historia de un hombre que vio un selkie mientras estaba en la playa.

Esta selkie tomó la forma de una hermosa mujer. El hombre se enamoró y decidió robar la piel de foca que había mudado para poder seguir siendo humana. La obligó a casarse con él y a tener a sus hijos. Pasaba la mayor parte del tiempo contemplando el mar, echando de menos lo que había sido su hogar. Unos años más tarde, la mujer finalmente encontró su piel de selkie y saltó al océano. Amaba a sus hijos, pero aun así quería volver a casa. Algunas versiones del cuento cuentan que los selkie los visitan todos los años.

Los kelpies astutos

El kelpie es otra criatura que cambia de forma en la mitología escocesa. La figura parecida a un caballo puede tomar forma humana, pero algunos relatos sugieren que conserva sus cascos. Algunos investigadores explican que las creencias cristianas que rodean a Satanás y las pezuñas provienen de esto. Se cree que los kelpies inhiben los ríos y áreas aisladas de Escocia. Los kelpies son principalmente blancos o grises y tienen melenas largas y húmedas. Se les aparecen a sus víctimas, convenciéndolas de alguna manera de que sigan adelante. Una vez que el humano monta el kelpie, el poni despega y lo ahoga en el agua.

La Morrigan y Cu Chulainn

La Morrigan, la deidad de la guerra, es conocida popularmente como la triple diosa. La deidad podía decir qué guerreros morirían en la batalla antes de que llegara el momento de luchar. Sus predicciones también le permitieron dirigir el resultado de la guerra en la dirección deseada. Fue capaz de transformarse en un cuervo y voló sobre los campos de batalla. En general, se cree que los cuervos son un mal presagio, por lo que su presencia infundió miedo en los nervios de los guerreros o los motivó a luchar más duro.

La diosa se enamoró de Cu Chulainn, un guerrero heroico que era mitad humano y mitad divino. Conocida por su belleza, la Morrigan podía seducir a los hombres más poderosos. Sin embargo, sus trucos no funcionaron con Cu Chulainn cuando se acercó a él antes de que fuera a la guerra. Él la rechazó, lo que la llevó a buscar venganza.

En medio de la batalla, la diosa decidió transformarse en una anguila, nadar hasta el héroe guerrero y hacerle tropezar. Cu Chulainn, naturalmente, golpeó al animal y continuó luchando. La deidad se transformó una vez más en un lobo gigantesco. Corrió hacia él, empujando el ganado hacia el héroe. Una vez más, se defendió y arrojó una piedra al ojo del lobo. La Morrigan se quedó ciega temporalmente, pero se transformó en una vaca por última vez. Reunió un rebaño de vacas y se dirigió hacia Cu Chulainn.

Él, sin embargo, se apartó rápidamente del camino de la manada y arrojó otra piedra al Morrigan. Esta vez, la piedra golpeó y le rompió la pierna. Lo suficientemente herida, la diosa decidió aceptar la derrota. Después de que el héroe guerrero ganara la batalla, se encontró con una anciana en su camino de regreso a la base. La señora estaba ordeñando una vaca, pero Cu Chulainn estaba demasiado cansada para notar sus lesiones en las piernas y los ojos. Sin darse cuenta de que ella era la Morrigan, se detuvo justo frente a la mujer y entabló una conversación con ella.

La mujer, que parecía gentil e inofensiva, le ofreció a Cu Chulainn un vaso de leche que él aceptó. Se bebió todo el vaso, pero no sabía que beber la leche curaría a Morrigan y le daría fuerzas. A Morrigan ya no le importaba luchar contra Cu Chulainn. Engañarlo para que la curara era suficiente venganza para ella.

El héroe guerrero y la diosa se cruzaron una vez más justo antes de morir. Cu Chulainn se dirigía a otra batalla cuando vio a una mujer limpiando la sangre de la armadura. Sabía que esta visión era un muy mal presagio cuando estaba a punto de enfrentarse a un enemigo. Cu Chulainn continuó caminando hacia el campo de batalla a pesar de todo.

Esta batalla, tal como anticipó, fue el final de Cu Chulainn. Fue gravemente herido, pero aun así logró luchar hasta su último aliento. El héroe se ató a una roca, con la esperanza de asustar a los enemigos que pasaran por allí. La Morrigan, en forma de cruz, descansó sobre su hombro hasta que falleció pacíficamente.

Cernunnos, el dios de la cornamenta
Cernunnos era una deidad que aparecía en forma mitad humana mitad ciervo. Fue traído al mundo durante el solsticio de invierno, conocido como el día más oscuro del año. A pesar de que se le asociaba con el

duro y lúgubre invierno, la deidad se casó con Beltane, la diosa de la primavera. Sin embargo, su felicidad no duró mucho porque murió seis meses después, en el solsticio de verano. Los celtas creían que era un sabio maestro, por lo que lo representaban con las piernas cruzadas.

Cernunnos era la deidad del inframundo, los animales, la prosperidad y la fertilidad. Se sabe muy poco sobre el dios con cuernos, lo que refuerza aún más su misteriosa fachada. No surgieron cuentos mitológicos sobre él, por lo que la mayor parte de lo que se sabe sobre él proviene de la iconografía celta. Su representación más notable lo muestra cargando una serpiente y un torco, rodeado de varios animales, como un cuervo, un perro y un ciervo. Cernunnos gobernaba sobre la naturaleza y los animales. Los investigadores sugieren que los antiguos celtas trajeron las ofrendas de las deidades de alces, serpientes, lobos y otros animales para agradecerles por crear la paz entre los enemigos. Era un protector estimado y un hombre sabio entre las tribus.

Otra imagen retrata a la deidad como un hombre calvo con orejas de ciervo. Su cabeza calva es una alusión a la ancianidad y la sabiduría. Se cree que su cornamenta es un reflejo de su humildad y firmeza. El torque refleja su poderoso estatus y su capacidad para conquistar enemigos y ofrecer coraje y protección a quienes los necesitan.

La creencia de que nació en el solsticio de invierno y murió en el solsticio de verano sugiere que está asociado con niveles elevados de energía, experiencias espirituales increíbles y aumentos. Sin embargo, dado que murió justo dentro de la segunda mitad del ciclo agrícola, el dios con cuernos no fue bendecido con los rasgos introspectivos asociados con la temporada de cosecha. El matrimonio de Cernunnos con Beltane, sin embargo, trajo cierto equilibrio a su vida.

El significado del ciervo

El ciervo es un símbolo de sabiduría y conocimiento en las tradiciones celtas. Este animal también se asocia con el ciclo natural de la vida. Simboliza la vida, la muerte y el renacimiento, ya que le vuelve a crecer un nuevo conjunto de astas cada año. Los ciervos blancos también son particularmente significativos espiritualmente porque representan la pureza. Están relacionados con las energías divinas y la iluminación espiritual.

Los ciervos son animales poderosos, lo que los convierte en símbolos de masculinidad, motivación y vitalidad. Muchas personas espirituales creen que cruzarse con un ciervo sirve como un recordatorio de la fuerza interior y la perseverancia de uno. Estos son los animales espirituales a los que hay que recurrir o los animales a los que hay que observar cada vez que te sientes atrapado en la vida.

Los ciervos son naturalmente propensos a vivir en soledad, por lo que los animistas creen que pueden aprender a ser independientes y autosuficientes de ellos. Los ciervos recuerdan a las personas que el tiempo a solas es necesario para reflexionar y experimentar el crecimiento mental, emocional y espiritual.

Se cree que el ciervo es el protector de los demás animales y, por lo tanto, se le considera el rey del bosque. El liderazgo, la tutela y la guía son algunas de las cualidades de este animal, por lo que las deidades asociadas a él, como Cernunnos, asumen papeles importantes en su sociedad. El ciervo también sirve de puente entre lo terrestre y lo celestial, así como entre lo masculino y lo físico. Aporta armonía y equilibrio al mundo, por lo que los antiguos celtas también creían que era un mensajero espiritual. Encontrarse con un ciervo significaba que necesitaban involucrarse más espiritualmente o ser más receptivos a las señales de lo divino.

Independientemente de si cree en la mitología y el folclore celta, puede aprender mucho de los antiguos celtas. Observar cómo los animales interactúan con la naturaleza, tratarlos con respeto y comprender su papel en el mundo puede enriquecer su experiencia espiritual y aumentar su conciencia. La próxima vez que vea una araña tejiendo su tela, o una foca moviéndose hacia la orilla, pregúntese cómo un animista o un antiguo celta habrían reflexionado sobre el suceso.

Capítulo 9: Adivinación celta

La adivinación es un método para buscar conocimiento sobre eventos desconocidos del futuro. Los antiguos celtas usaban la adivinación para descubrir lo que se encuentra debajo de la superficie de lo que sucedía a su alrededor y cómo se conectaba con el universo. El método de adivinación celta más extendido involucra el alfabeto Ogham, que se ha convertido en una herramienta de profecía popular en los tiempos modernos, pero no estaba bien documentado en la antigüedad. Las diferentes técnicas de adivinación de Ogham se transmitieron de generación en generación, y se desconoce cuál se consideraban la más precisa.

Los celtas descifran los símbolos de Ogham para saber más sobre su futuro [65]

El método de adivinación Ogham es el más utilizado en Irlanda, de donde se cree que proceden las letras Ogham.

La metodología Ogham funciona como cualquier otra herramienta de adivinación. Después de investigarlo y familiarizarse con el método, el practicante se siente cómodo manejándolo regularmente. Luego, pueden hacer preguntas sobre eventos, situaciones, personas y resultados que les interesen. Las preguntas se pueden hacer a las deidades, al espíritu de Ogham y a los guías espirituales con los que se quiere conectar o trabajar. Puede presentar su cuestión verbalmente o escribirla e incorporar cualquiera de los dos métodos en tus rituales de adivinación. Puede hacer cualquier pregunta que desee, pero se recomienda a los principiantes que mantengan sus consultas simples. Al hacer una pregunta simple, puede concentrarse en ella y en la respuesta mucho mejor. Una vez que practique esto durante un tiempo, puede comenzar a hacer preguntas más complejas durante la adivinación.

El uso de la adivinación de Ogham es una excelente manera de aprender a comprenderse a sí mismo, para ver cómo se desarrolla su vida y comprender por qué, y, si es necesario, hacer cambios para lograr resultados diferentes. En la antigüedad, los celtas usaban esta herramienta para asegurar una cosecha abundante, finales favorables en la batalla y hazañas similares. La adivinación Ogham se menciona en varios poemas irlandeses, incluyendo el Bríatharogaim (Morainn mac Moín, Maic ind Óc y Con Culainn), que fueron comúnmente utilizados como ideas adivinatorias por los antiguos irlandeses. Algunos practicantes modernos todavía usan estos textos como herramientas poéticas para memorizar los nombres de las letras del alfabeto Ogham y los significados espirituales que se les atribuyen.

Hoy en día, los practicantes usan Ogham para descubrir cómo avanzar en la vida, cambiando ciertos aspectos de la misma. Es un método particularmente popular entre los druidas, que se someten a un largo entrenamiento para adquirir experiencia en el desciframiento de mensajes espirituales complejos que reciben de deidades y guías espirituales. Por supuesto, no tiene que practicarlo durante años como lo hacen ellos, pero aun así tendrá que ser paciente si es un principiante. Sin ningún conocimiento de adivinación y cómo interpretar los mensajes, tomará algún tiempo aprender a hacerlo. Puede empezar eligiendo una parte de su vida que quiera explorar y centrarse en ella mientras practica.

La adivinación Ogham se basa en un conjunto de 25 símbolos, cada uno asociado con las letras de las antiguas escrituras gaélicas irlandesas. Cada símbolo denota el nombre de una letra relacionada con las otras dentro de su Aicme (agrupación). Los símbolos son la clave de los significados estratificados y profundamente arraigados que puede aplicar al interpretar las respuestas a sus preguntas. Dependiendo del contexto, cada letra puede tener un simbolismo diferente.

Según los neopaganos y otros practicantes de la nueva era, la adivinación Ogham proviene de una versión del oráculo del árbol celta y se basa en el calendario del árbol celta. Fuentes más antiguas afirman que esto es inexacto. Apuntan que hay mucho más en el Ogham que su conexión con la tradición de los árboles, en la que los practicantes de la nueva era suelen centrarse. La filosofía basada en los árboles aparece en el libro White Goddess, escrito por Robert Graves, un destacado poeta, crítico y novelista histórico inglés. Aquellos que basan su trabajo en las antiguas tradiciones celtas y druídicas ven las asociaciones de árboles como una parte necesaria de la comprensión de los mensajes proféticos, pero no confían exclusivamente en ellas. Lo combinan con otros métodos de adivinación o trabajo espiritual.

Lanzamiento y lectura de símbolos Ogham

Tradicionalmente, los símbolos Ogham están grabados en pentagramas de madera. Los pentagramas se utilizan durante los rituales de adivinación. Sin embargo, dado que son líneas simples que cualquiera puede replicar, los símbolos se pueden inscribir e incluso escribir en cualquier superficie. Simplemente puedes escribirlos en papel, tallarlos en pequeños palitos de madera para crear tu propio juego o comprarlos en la forma más conveniente.

Los símbolos Ogham se leen de abajo hacia arriba. Los métodos tradicionales para fundir las duelas incluyen sacarlas de una bolsa, arrojarlas sobre una tela o colocarlas en un patrón específico.

El método de dibujo suele recomendarse para principiantes. A continuación te explicamos cómo hacerlo:

1. Llene una bolsa con tus pentagramas, también puede usar una caja, un sombrero o cualquier recipiente que le resulte conveniente.
2. Escoja un pentagrama y sáquelo del recipiente sin mirarlo.

3. Concéntrese en su intención, haga una pregunta y mire el símbolo. Piense en lo que significa para usted. También puede consultar los significados predefinidos de los símbolos.
4. Cuando sienta que ha recibido una respuesta, complete su lectura guardando los pentagramas.
5. Si no obtuvo una respuesta o no sabe cómo interpretarla, no se preocupes. Esto es común para los novatos y solo significa que tiene que practicar.
6. Una vez que tenga la esencia de la práctica, puede empezar a elegir tres pentagramas del recipiente y seguir los mismos pasos que se muestran arriba. Estas son vías para aprender sobre los resultados pasados, presentes y futuros.

Elegir y fundir varios pentagramas colocándolos sobre un trozo de tela es otro método fácil de hacer. A continuación, se explica cómo ejecutarlo:

1. Elija el número de símbolos que desea interpretar. Dependiendo de su experiencia y de la naturaleza de la información que busque, esto puede variar de tres a seis a nueve.
2. Coloque un pedazo de tela frente a usted. Hágalo en un lugar tranquilo donde no le molesten.
3. Meta la mano en el recipiente con las duelas y comience a sacarlas. Tírelas frente a usted una por una.
4. A medida que tome cada pentagrama en tus manos, piense en su intención y en las preguntas que quiere hacer. Tómese unos minutos para conectar su intención con cada pentagrama.
5. Tómese unos momentos adicionales para mirarlos cuando estén todos frente a usted y contemple sus significados.
6. Cuando esté listo, piense en cómo los símbolos que ve pueden responder a su pregunta o consultas.

Crear un pliego requiere más experiencia y se recomienda para aquellos que dominan las dos primeras técnicas. A continuación, le explicamos cómo hacerlo:

1. Piense en lo que quiere aprender durante la lectura. Por ejemplo, puede explorar los resultados pasados, presentes y futuros, los aspectos espirituales, emocionales y físicos de su vida, o sus conexiones con una deidad, antepasados y espíritus.

2. Saque tres duelas de tu recipiente y colóquelas frente a usted. Concéntrese en el trío de aspectos que ha elegido explorar.
3. Por ejemplo, si eligió los aspectos temporales, el primer pentagrama dará sus respuestas sobre eventos pasados que afectan su resultado, el segundo sobre el presente y el tercero sobre lo que puede esperar en el futuro.
4. Reflexione sobre los significados de los pentagramas que tiene delante. Cuando tenga sus respuestas, termine el ritual.

Si bien el método de un pentagrama generalmente se basa en el significado vertical de los símbolos, si va a usar cualquier otra técnica, considere también el simbolismo inverso de los pentagramas. Otro consejo útil es tener siempre la mente abierta cuando se hace una pregunta profética y se espera una respuesta. Considere varias opciones y evite hacer preguntas que puedan responderse con un "sí" o un "no". Recuerde, tampoco hay respuestas correctas e incorrectas. Si bien la explicación que obtiene podría tener sentido para usted de inmediato, si sigue escuchando a su intuición, pronto se volverá mucho más clara.

Cultivando su relación con los símbolos

La mejor parte de la adivinación de Ogham es que puede cultivar una relación personal con los símbolos y sus energías. Esta práctica se basa en habilidades que le permiten comprometerse con las partes físicas, emocionales, espirituales y mentales de usted mismo. Naturalmente, necesitará disciplina y paciencia, pero los resultados serán aún más gratificantes. Desbloqueará su potencial natural, se conectará con su pasado, presente y futuro y recuperará el equilibrio y la armonía en su vida. Aprenderá cómo encaja en este universo, revelará su propósito y aprenderá sobre su herencia (si está interesado en explorar una posible ascendencia celta).

Para construir una conexión con los símbolos, también debe comprometerse con dos reinos de la cosmología celta, el otro mundo y el mundo real. Esto le dará acceso a información oculta para la mayoría de las personas, y usará este conocimiento para mejorar su vida y la de quienes le rodean. A continuación se presentan algunas de las mejores formas de cultivar su relación con los símbolos de Ogham.

Desarrollar una conciencia más profunda y la atención plena a través de la meditación

Una excelente manera de formar una conexión con los símbolos es desarrollar y mejorar sus habilidades de conciencia y atención plena. La meditación es una técnica de atención plena diseñada para mejorar la concentración, que es el primer paso para tomar conciencia de ti mismo y de tu entorno. Cuando medita, comienza a notar una poderosa sensación de presencia, que son sus energías. Se está abriendo a la posibilidad de encontrar y abrazar nuevas conexiones y relaciones.

La meditación también le ayuda a ver lo que realmente importa y enfoca su energía en manifestar su intención. La mayoría de las veces, esto significa tomar medidas que provoquen cambios. La meditación puede ayudarle a alcanzar conocimientos sobre su mundo interior, para que pueda tomar decisiones más informadas.

Implementar las prácticas Ogham en tu vida

Los rituales y prácticas regulares Ogham son fundamentales para mejorar su salud espiritual y mental, lo que, a su vez, le ayudará a formar conexiones más fuertes con el espíritu Ogham y las deidades y guardias con los que elija trabajar. Una excelente manera de comenzar a introducir las prácticas de Ogham en su vida diaria es observando la Luna mientras sostiene los símbolos. A medida que hace esto día tras día, comienza a sentir los cambios en su energía y en las de los signos. Surgirán patrones y comenzará una alineación cíclica. Es una buena idea llevar un registro de lo que encuentre para ver cómo se desarrolla su conexión con los símbolos con el tiempo.

Además de dibujar un símbolo Ogham todos los días, puede comenzar a hacer pequeños rituales diarios como establecer intenciones, sostener los pentagramas en la mano mientras medita o dedicar tiempo a contemplar en silencio los significados de los pentagramas. Conectarse conscientemente con los símbolos a diario es una manera fantástica de mejorar la concentración, eliminar las distracciones y aumentar su conciencia. Se sentirá más en sintonía consigo mismo, con los símbolos y los reinos de la cosmología celta.

Abrirse a las energías naturales

Para conectarse con los símbolos, debe aprender a abrazar las energías naturales que le rodean. Abrirse a estas energías le permitirá trabajar con cualquier herramienta espiritual, incluida la adivinación Ogham. Tómese unos minutos diarios para pasar tiempo con los pentagramas y sentir plenamente su energía. Pueden ser poderosos, pero no tenga miedo ni se desanimes. Invítelos a su vida. Hágalo al aire libre, donde pueda sentirse más cerca del mundo natural. Simplemente siéntese en un lugar aislado en la naturaleza y disfrute de todo lo que lo rodea: los aromas, las imágenes, los sonidos y todo lo que nota sobre su entorno. Alternativamente, puede pasar tiempo en espacios liminales donde también puede estar cerca del otro mundo. También es fundamental explorar sus energías. Los espíritus pueden ser grandes aliados en una práctica de adivinación.

Interpretación de las lecturas Ogham

Además de ser una poderosa herramienta de adivinación, los símbolos de Ogham representan una mezcla única de sabiduría mística y mundana, que resuenan dentro de todos. Sus significados están profundamente conectados con los ciclos naturales de la vida y las tradiciones de los antiguos celtas. Asegúrate de tener esto en cuenta cuando aprendas a interpretar las lecturas de Ogham.

Aquí hay algunos otros factores a considerar al interpretar los símbolos:

- Cada símbolo está asociado con un árbol sagrado, pero puede tener muchos otros significados metafóricos con los que puedes conectarte espiritualmente.
- El vasto conocimiento que transmiten los símbolos garantiza que se tomará el tiempo para reducir la velocidad. Necesitará tiempo para aprender sus significados únicos.
- Puede interpretar los símbolos Ogham como las runas y las cartas del Tarot asignándoles una intención y una pregunta y luego eligiendo cómo presentarlos.
- Las lecturas de uno y tres pentagramas funcionan mejor para los principiantes porque son lo suficientemente simples de interpretar.

He aquí un ejemplo de cómo hacer esto en la práctica:

1. Por la mañana, formule una pregunta que desee que le respondan. Por ejemplo, puede preguntar algo como:

    "¿Qué debo hacer para aprovechar al máximo este día?"

2. Enfocándose en la pregunta, saque tres pentagramas de su bolsa o caja. Colóquelos uno al lado del otro.

3. El de la izquierda le proporcionará información sobre usted, el del medio muestra los eventos y situaciones que encontrará durante el día, y el de la derecha le muestra el resultado.
4. Fíjese en los símbolos para ver su posición y su posible significado. ¿Alguno de ellos está invertido? Si es así, esto podría indicar que algo es contrario a lo que le gustaría que fuera.

Trabajar con los símbolos

Hay numerosas formas de trabajar con los símbolos Ogham. Por ejemplo, puede incorporarlos a la meditación o combinarlos con otras formas de adivinación. Si elige esta última, puede, por ejemplo, elegir el trabajo o el viaje de sus sueños. La profecía de los sueños se recomienda para los principiantes que tienen dificultades para descifrar e interpretar los mensajes mientras están despiertos. Para ello, solo tiene que coger un pentagrama (o tres) y hacer la pregunta que quiere que le respondan antes de irse a dormir. La resolución llegará en sus sueños. Mantenga un pedazo de papel en su mesita de noche. Debe escribir los mensajes que ha recibido tan pronto como se despierte.

Meditación Ogham

Cuando se trabaja con Ogham, una técnica de meditación que se basa en la antigua tradición de los árboles puede dar una visión mucho mejor. Canalizar la energía de los árboles mientras medita le permite familiarizarte aún más con las energías espirituales que le rodean, incluidas las de los símbolos. Aunque las instrucciones le pedirán que comience su círculo desde el norte, siéntase libre de comenzar con la dirección que resuene contigo. Algunos practicantes prefieren comenzar desde el este, mientras que otros alternarán los enfoques según las estaciones.

Herramientas que necesitará:

- Duelas de madera, o varitas. Algunos practicantes prefieren usar árboles asociados con el alfabeto Ogham. Sin embargo, también pueds usar los pentagramas que los simbolizan.
- Una vela grande.
- Incienso.
- Un recipiente pequeño, preferiblemente de vidrio o cerámica, para el incienso.

- Una copa de vino, cerveza o hidromiel.
- Cualquier objeto que desee utilizar para mejorar el enfoque.
- Superficie de trabajo: un altar portátil o una mesa pequeña que haya limpiado.
- Una silla o un cojín, dependiendo de dónde vaya a sentarse.
- Música o sonidos para meditar – opcional.
- Athame – opcional.
- Ropa ritual o joyas, talismanes – opcional.
- Cuatro velas más pequeñas representan los cuatro puntos cardinales.

Instrucciones:

1. Elija el mejor lugar para meditar. Si va a realizar el ritual al aire libre, busque un entorno natural aislado. Si medita en interiores, asegúrese de que nada ni nadie le moleste.
2. Establezca una intención para su ritual de meditación. Le ayudará a mantenerse enfocado.
3. Elija los árboles con la energía que quiere canalizar. Por ejemplo, para la fuerza y el crecimiento, necesitará roble. Para el equilibrio y la empatía, use acebo. Mientras que para protegerse y alejar las energías negativas, lo mejor es trabajar con espino.
4. Puede usar una varita o un pentagrama o diferentes con energías similares para realzar una intención en particular. Evite canalizar la esencia de más de tres árboles a la vez. Se aconseja a los principiantes que utilicen un solo árbol.
5. Coloque las cuatro velas más pequeñas de modo que se coloquen en el este, el oeste, el norte y el sur para completar un círculo sagrado. Le ayudará a canalizar y equilibrar las energías dentro del círculo.
6. Coloque una mesa o un altar portátil en el centro del círculo. Ponga la vela grande, las varas o pentagramas, el incienso y el objeto para enfocarlo en la mesa o el altar.
7. Una vez que todos los elementos estén sobre la mesa, encienda el incienso y la vela mientras se concentra en su intención. Si lo desea, inicia la música de meditación o la grabación de sonido.

8. Cuando esté listo para comenzar el ritual, respire hondo y mire hacia el norte. Continuando respirando profundamente, de la bienvenida al elemento de la Tierra y a la esencia del árbol que está tratando de canalizar. Piense en las propiedades de este árbol y exprese su respeto por ellos en silencio o en voz alta.

9. Moviéndose en el sentido de las agujas del reloj, repita el paso desde arriba en la dirección este, sur y oeste, respectivamente. Mientras hace esto, toque el pentagrama o la varita un par de veces para potenciar su conexión física con el árbol.

10. Si va a usar un athame, apúntelo en la dirección en la que esté mirando cada vez. Una vez que haya saludado al árbol en la última dirección, habrá completado su círculo sagrado.

11. Dependiendo de sus creencias y prácticas, ahora puede invitar y dar la bienvenida a cualquier guía espiritual o deidad al círculo.

12. Siéntese frente a su mesa o altar portátil. Una vez más, puedes elegir en qué dirección quiere mirar. Solo asegúrese de estar cómodo, para que pueda concentrarse en su intención y en los objetos que usará para manifestarla.

13. Tómese unos minutos para observar la vela, los pentagramas o varitas y cualquier otro elemento que utilice para concentrarse.

14. Cuando se haya familiarizado y conectado con este último, tome un sorbo de la taza. Sienta cómo el líquido viaja a través de usted, relajando su mente, cuerpo y espíritu.

15. Use una técnica de meditación familiar para una mayor relajación. Por ejemplo, puede optar por dejar que sus párpados caigan lentamente mientras respira profundamente y concentrarse en cómo le hace sentir. O puede mirar dentro de la vela mientras respira profundamente, hasta que se relaje y alcance una etapa más profunda de conciencia.

16. Una vez que esté en un estado de meditación profunda, estará listo para explorar los reinos de la sabiduría, la adivinación y la inspiración. Permanezca en este estado todo el tiempo que desee.

17. Cuando termine su meditación, tendrá que cerrar el ritual. Comience mirando hacia el oeste, agradece al elemento agua y a la energía del árbol por su ayuda y despídete de ellos.

18. Si has convocado a algún guía espiritual o deidad, envíele también una oración rápida de gratitud.
19. Muévase en sentido contrario a las agujas del reloj hacia el sur, el este y el norte. Una vez más, la dirección con la que comenzar es opcional, pero asegúrese de moverse en sentido contrario a las agujas del reloj desde la dirección en la que comience a desmantelar el ritual.
20. Apague el incienso y las velas, retire el resto de los artículos de la mesa y guarde el pentagrama o la varita que usó. Alternativamente, puede abandonar el círculo activo dejando todo sobre la mesa, pero apagando las velas.
21. Cuando esté listo, guarde todo.

Bonus: Meditaciones en los árboles

Los árboles han sido adorados a lo largo de la historia por muchas culturas, pero siempre han ocupado un lugar especial de reverencia en las tradiciones celtas. Los árboles son universalmente considerados como un símbolo de sabiduría y vida, ya que representan un vínculo primordial que trasciende los límites del tiempo y la civilización. Como ha aprendido en este libro, los árboles tienen un significado especial en el simbolismo celta debido a la estrecha afinidad de los celtas con el mundo natural. Ya sea que considere que el calendario del árbol celta está vinculado con los árboles sagrados o la escritura Ogham, donde cada letra se ha asociado con un árbol en particular, verá la importancia de los árboles en todas partes en la cultura celta. De hecho, los celtas reconocieron

Buda practicando la meditación del árbol [66]

muy pronto la importancia de los árboles y los consideraron el eje central de su mitología. Para ellos, los árboles no eran simplemente una fuente de sustento, refugio y calor, sino la esencia pura de la naturaleza.

Dentro de la sociedad celta, se creía que los druidas tenían la capacidad única de descifrar los mensajes sutiles transmitidos por la madre naturaleza. A través de estos mensajes, buscaban comunicarse e interactuar con los dioses y diosas e incluso invocar su presencia utilizando los antiguos centinelas de los bosques: los árboles. Los celtas creían que los árboles actuaban como un vínculo entre los reinos en un sentido físico y divino. Creían que cada parte del árbol simbolizaba un reino diferente, cada una conectada con la otra. El tronco del árbol representa el mundo material, proporcionando a las personas alimento, seguridad y refugio. Las raíces se adentraron profundamente en la tierra y simbolizaron el reino de los sueños y la sabiduría latente de la Tierra. Finalmente, la copa y las ramas del árbol se elevan hacia el cielo, mecidas por el viento, que simboliza el plano divino de la conciencia.

La importancia de los árboles en la cultura celta se demuestra aún más por el hecho de que los druidas, que eran la clase más alta entre el pueblo celta, hicieron sus hogares entre estos majestuosos seres. Rara vez se aventuraban en los confines de las aldeas y, en cambio, preferían quedarse en las afueras, cerca de las arboledas sagradas, donde podían estar en completa armonía con los árboles. Las meditaciones en los árboles celtas se encuentran entre los rituales más famosos de la cultura celta y tienen una reverencia considerable. Incluso hoy en día, muchas personas optan por practicar estas meditaciones guiadas para conectarse con su conciencia superior y volverse armoniosos con la naturaleza. Este capítulo adicional le dará una lista completa de meditaciones guiadas únicas para cada árbol sagrado venerado en el mundo celta. Por lo tanto, prepárese para sumergirse en la profunda sabiduría de los árboles y experimentar el poder transformador de las meditaciones sobre los árboles.

Meditación en el abedul

Los abedules son capaces de prosperar en diversos entornos, incluso en suelo desnudo, y suelen crecer en racimos. Estos árboles etéreos son fáciles de detectar debido a su corteza blanca y parecida al papel. Este robusto árbol no solo es útil para fines prácticos, como la fabricación de muebles, sino que también es muy popular desde una perspectiva mágica. La corteza blanca exterior se puede utilizar en rituales para sustituir el papel o el pergamino, mientras que otras partes del árbol suelen utilizarse con fines medicinales. El abedul es considerado uno de los tres árboles sagrados para los druidas. En el simbolismo celta, este árbol a menudo se llama el árbol de la diosa, que representa la fertilidad, la luz, la esperanza, la regeneración y los nuevos comienzos. Al ser una especie pionera, los abedules tienen la capacidad única de recolonizarse en caso de un desastre ecológico, como un incendio forestal. Por esta razón, esta especie a menudo se compara con el Fénix y se vincula a la energía de renacimiento en gran medida. La meditación del abedul es una forma maravillosa de mejorar tu comprensión espiritual de las tradiciones celtas y, al mismo tiempo, obtener una visión más profunda. Si está comenzando un nuevo capítulo en su vida, practicar esta meditación es la manera perfecta de hacerlo.

- La meditación del árbol es más efectiva en presencia de dicho árbol en tiempo real. Sin embargo, si eso no es posible, también puede guardar una foto del árbol frente a su espacio de meditación.
- Elija una posición cómoda debajo del árbol, o en tu espacio de meditación, con las piernas cruzadas. Cierre los ojos y respire profundamente unas cuantas veces para conectarse con la tierra.
- Si está en el interior, una excelente manera de imitar el entorno natural es poner algunos sonidos de la naturaleza como el canto de los pájaros, el silbido del viento, la caída de las hojas de los árboles, etc.
- Invoque al espíritu del abedul para que se una a usted en la meditación. Visualice la presencia del espíritu del abedul de pie o sentado a su lado, emitiendo una luz blanca.
- Establezca su intención haciendo estas preguntas, ya sea en voz alta o en silencio:
    - ¿En qué parte de mi vida necesito una infusión de nueva energía?
    - ¿Dónde necesito regenerarme?
    - ¿En qué parte de mi vida se avecina un nuevo capítulo?
- Una vez que haya terminado de hacer estas preguntas, abra su mente y su corazón a cualquier guía espiritual que puedas recibir. Sea receptivo y curioso acerca de cualquier intuición, impresión o pensamiento.

- Tómese su tiempo en este estado receptivo y visualice el espíritu de Abedul tratando de comunicarse con usted. Respire profunda y regularmente, y es posible que sienta una sensación de claridad, inspiración o cambios sutiles de energía.
- Una vez que sienta que ha recibido su guía, exprese gratitud al espíritu de Abedul por unirse a usted en la meditación y guiarle hacia adelante.

Finalmente, abra los ojos y tómese un momento para anotar cualquier impresión, mensaje o idea que hayas recibido durante la sesión de meditación.

- Durante los próximos días, reflexione sobre los mensajes que ha recibido teniendo en cuenta los patrones con los que se asocia el abedul.
- Además, mantenga los ojos abiertos para detectar cualquier abedul que aparezca inesperadamente en su entorno.

Meditación del serbal

El serbal es poderoso, con un hermoso follaje y bayas rojizas. Este árbol se ha asociado con la protección y la magia desde la antigüedad, cuando los druidas solían practicar la magia de los árboles. La corteza del árbol tiene importantes beneficios medicinales y usos mágicos. Los amuletos protectores se tallaban con frecuencia en los palos de serbal y se colocaban sobre las ventanas y puertas para mantener alejados a los espíritus malignos. Los bastones rúnicos, palos de madera con símbolos tallados en ellos, generalmente se creaban con madera de serbal. Incluso las bayas que habitan en este árbol tienen magia protectora. Cuando las bayas se cortan por la mitad, se ve un pequeño pentagrama que está relacionado con símbolos protectores en el interior. El serbal es un árbol para todas las estaciones y es especialmente sagrado para la mayoría de las religiones de la Tierra. Las antiguas leyendas celtas dicen que los druidas tenían visiones mientras se quedaban en los bosques de serbales. La meditación de serbal le ayudará a despejar tu mente, sintonizar con la naturaleza y ver el mundo de manera diferente. Rowan trata sobre la creatividad, el establecimiento de intenciones, el amor incondicional y el viaje astral.

- Ponga música relajante que le lleve a un estado de ensueño, similar al trance. Colóquese en una posición cómoda y cierre los ojos.
- Conéctese, céntrese y respire en su corazón. Inhale, sacando energía de la tierra, y exhale en todas direcciones.
- Saque energía de su chakra de la corona y exhale en todas las direcciones. Tómese unos momentos para experimentar esta respiración.
- En su mente, viaje a un lugar en la naturaleza donde se sientas en paz. Visualice que es invierno y que está abrigado.
- Desde el cielo, llega su caballo espiritual, todo blanco y poderoso. Tómese un momento para mirar a su caballo espiritual, al majestuoso poder de su cuerpo.
- Imagínese montando su caballo espiritual y saliendo hacia el cielo. Mire el mundo desde el cielo y fíjese en la perspectiva.
- Tómese un momento para sentir la libertad de volar. Mientras vuela por encima de la tierra, su caballo espiritual volará a las dimensiones de la sacerdotisa de Rowan.
- Mirando hacia abajo, se ve un paisaje lleno de hermosos serbales, con sus racimos de bayas rojas y naranjas. Aterrice a salvo entre los árboles.
- Desmonte de su caballo y dirija su atención a la hermosa arboleda de serbales. Respire el maravilloso sentido del bosque y sentirá que hay inspiración en todas partes en este reino lleno de posibilidades.
- Imagine a una hermosa sacerdotisa acercándose a usted desde una distancia lejana; se acerca a usted y le coloca una corona hecha de hojas de serbal en la cabeza.
- Busque su guía protectora y ella se convertirá en su aliada. Tómese el tiempo para recibir sus ofrendas.
- Muéstrele lugares en su cuerpo, mente y alma que le están angustiando. Ella con gusto aligerará su carga y le dará inspiración. Ella le sanará.

- Acuerde ampliar su sistema de creencias para incluir más y más del misterio y la magia de la creación; Conéctelos a las dimensiones superiores del amor.

- Agradezca a la sacerdotisa por su presencia en el mundo. Cuando esté listo, vuele de regreso a su mundo en su caballo espiritual.

- Tómese un momento para dar las gracias a su caballo espiritual. ¡Quédese aquí en silencio por un momento y reflexione sobre la belleza de su experiencia!

- A su regreso, escriba sus experiencias en un diario para que no olvide los detalles de lo que sintió durante su viaje.

Meditación del aliso

El aliso se asocia con el equinoccio de primavera y simboliza el espíritu en evolución. Al igual que los abedules, los alisos pueden soportar condiciones adversas como lugares pantanosos, ya que su madera no se pudre cuando está mojada. Realmente se endurece cuando se deja reposar en el agua, lo que los británicos encontraron útil mientras construían fortalezas en la Irlanda primitiva. Se dice que la ciudad de Venecia está construida sobre madera de aliso. Según la mitología celta, los alisos están asociados con el otro mundo, que es donde residen los espíritus y las deidades. Según otra leyenda, el árbol de aliso puede ser utilizado por médiums que quieran conectarse con los humanos que ya no están en su forma física. Como resultado, los druidas solían sentarse a meditar en silencio bajo los alisos e incluso absorbían la esencia de la flor para este propósito.

- Cierre los ojos y respire profundamente unas cuantas veces para relajarse y concentrarse. Siéntese bajo un aliso o en un espacio solitario de meditación.

- Imagine que las raíces crecen de sus pies y la base de su columna vertebral y plántelas en la tierra. Envíelos a través de todas las capas de la tierra, ramificándose en todas direcciones.

- Envíelos al centro de la tierra, donde se encuentra una gran bola blanca de energía. Ahora imagine esta luz viajando a través de las raíces, de manera similar a como las raíces extraen la humedad y el sustento de la tierra.

- La energía fluye por cada raíz a través de todas las capas de la tierra hasta las plantas de los pies y el coxis. Con cada inhalación, atrae esta energía hacia su corazón.
- Y al exhalar, mueva esta energía desde su corazón hacia sus brazos y sus manos; Sienta cómo se calienta el centro de las palmas de las manos.
- Con su inhalación, lleve la energía de vuelta a sus brazos hacia su corazón y exhale la energía más arriba a través de su cuerpo y fuera de la coronilla de su cabeza a través de su chakra de la corona.
- Observe la energía que fluye a través de las ramas que salen de su cabeza y hombros. Envíe esta energía hacia arriba a través del cielo hasta que llegue al sol o a la luna.
- Sienta la energía corriendo a través de su cuerpo y experimente cómo le da energía.
- Ahora imagínese a usted mismo parado en un prado de exuberante hierba verde, el sol brilla intensamente en el cielo y siente su calidez y sonrisa.
- Está en paz en la pradera; Se ve un hermoso arroyo bordeado de altos alisos en la distancia. Sienta que la hierba alta se agita alrededor de sus piernas.
- Se mueves hacia la hilera de árboles y se para bajo su sombra. Al mirar el arroyo, se percibe un equilibrio entre la energía femenina del agua y la energía masculina de los árboles.
- Se sientes tranquilo, centrado y completamente protegido; Se gira para mirar hacia un árbol, estire una mano y colóquela en el tronco. Sienta la corteza bajo tus dedos.
- Salude al árbol de la manera que mejor te parezca. Agradezca al árbol por la hermosa energía que siente aquí hoy.
- Ahora siéntese debajo del árbol; Incluso puede apoyarse en él de espaldas, pero siéntese en un lugar cómodo y cerrar los ojos.
- Ralentice su respiración y sienta que se relaja; Empuje su conciencia fuera de sí mismo y sienta la presencia del árbol cerca de usted.

- Sienta cómo sus dos energías se convierten en una, una sensación de que no hay límite a medida que se fusionan. ¿Qué siente, ve, oye o tal vez huele?
- Una vez que sienta que ha hecho una fuerte conexión con el aliso, haga una pregunta con la que necesite ayuda o pídale su energía protectora para cualquier problema que esté enfrentando actualmente.
- Muestre su gratitud al aliso y, una vez que haya recibido una respuesta, levántese y regrese a su plano de existencia.
- Abra lentamente los ojos y conéctese. Anote cualquier información que haya obtenido de la sesión.

Meditación del sauce

El sauce generalmente surge cerca del agua y, cuando se nutre adecuadamente, crece bastante rápido. Este árbol es representativo del crecimiento espiritual y el conocimiento y ofrece protección y curación. En la medicina popular, el sauce se ha utilizado para tratar diversas dolencias como tos, fiebre y otras afecciones inflamatorias. Aunque mucha gente confunde el sauce con el sauce llorón, ambos árboles son diferentes, aunque se parecen entre sí. La meditación del sauce se utiliza para promover una curación profunda y ayudarte a liberar su desorden emocional.

- Busque un lugar cómodo donde no le molesten por un tiempo. Siéntese en una posición cómoda y respire profundamente. Cierre los ojos.
- Inhale y exhale lentamente. Conéctese con su entorno sintiendo el suelo debajo de usted o los aromas que le rodean.
- Ahora visualice un majestuoso sauce en el calor del verano. Los árboles están llenos de hojas verdes y doradas, de pie en un campo impresionante.
- Respire el aire del campo y sienta el calor del sol en su piel. Mire las hermosas hojas caídas del árbol.
- El viento las sopla, por lo que se balancean con gracia. Observe a los pájaros volando y acariciando las hojas de las ramas del sauce.
- Ahora, piense en cualquier problema que tenga en su vida. Imagine que coge el problema y lo cuelga en uno de los árboles.

- Deje que el problema tome la forma física que quiera o que no tome ninguna forma.
- Piense en cualquier otro problema y repita el mismo proceso. Imagínese colgar todos sus problemas en las ramas de diferentes sauces.
- Aléjese unos seis metros de los sauces. Observe cómo el viento sopla las hojas y los problemas mientras cuelgan de las ramas.
- Permita que algunos de los problemas sean levantados por el viento y arrastrados; Despídase de ellos mientras se alejan flotando. Tome nota de los problemas que se llevaron.
- Ahora, acérquese al árbol e imagine que puedes caminar hacia el tronco del árbol. Sienta el peso sin esfuerzo de las ramas y el viento que sopla a través de sus hojas.
- Sienta que usted, como árbol, es fuerte y que puede dejar ir todos los problemas. Incluso si algunos de los problemas todavía están colgando de las ramas.
- Sienta la tranquila tranquilidad del sauce, dejando ir tus preocupaciones con cada brisa. Cuando esté listo, puede abrir los ojos y volver a su espacio.

Las meditaciones en los árboles siempre han ocupado un lugar importante en la espiritualidad celta. Brindan una oportunidad única para conectarse con la sabiduría y la energía de los árboles, ofreciendo una sensación de calma y conexión a tierra que no tiene comparación con ninguna otra forma de meditación. Al adoptar las meditaciones en los árboles, puede aprovechar las enseñanzas eternas de la naturaleza, fomentando la tranquilidad y profundizando su comprensión de su lugar en el mundo.

Conclusión

Un solo libro no es suficiente para contener el vasto conocimiento de la mitología, la espiritualidad y el simbolismo celta. Solo el simbolismo de la cultura celta podría ser discutido durante miles de páginas. En cualquier caso, la mitología, el simbolismo y la espiritualidad están interconectados, y para entender uno, es crucial entender al otro, y así sucesivamente. Desde la fascinante historia de los celtas hasta la enigmática sabiduría de los druidas, la tradición y el simbolismo celta han capturado corazones y mentes de todo el mundo. Los eruditos han estado estudiando los símbolos celtas en esta cultura durante décadas y todavía lo están haciendo debido a los vastos significados e interpretaciones de los símbolos únicos y profundamente poderosos.

Lo que diferencia al simbolismo celta de cualquier otro idioma es que no es simplemente ornamental o se usa con fines comunicativos. Tiene un significado y una sabiduría más profundos que esperan ser descubiertos. Ya sea el intrincado trabajo de nudos, los majestuosos animales o las enigmáticas espirales, cada símbolo tiene capas y capas de significados e interpretaciones que piden introspección. Tomemos como ejemplo la cruz celta, parece un símbolo simple a primera vista, pero una vez que descubres su contexto, el símbolo transforma la forma en que ves este mundo. Representa la interconexión del mundo espiritual y material y cómo se debe lograr el equilibrio y la armonía dentro de ambos. O considere el triskele, con sus tres espirales, que simbolizan los ciclos eternos de la vida, la muerte y el renacimiento. Cada símbolo actúa como un espejo, reflejando las experiencias de vida de uno y animando a buscar inspiración y una visión del mundo única.

Simplemente no es suficiente observar estos símbolos desde la distancia. El poder del simbolismo celta radica en su capacidad para guiarle e inspirarle en partes de su vida; El simple hecho de considerar estos símbolos y sus asociaciones como algo de la historia o del mito no le ayuda de ninguna manera. Solo cuando obtenga una visión real de ella que pueda aplicar a su vida, cumplirá verdaderamente el propósito de estos símbolos. Debe tratar de infundir tus acciones, pensamientos e intenciones con la esencia de estas antiguas enseñanzas y abrazar el significado más profundo detrás de cada símbolo. Además de aplicar las enseñanzas e interpretaciones de varios símbolos en su vida, también puede intentar integrar la cultura celta a través de aplicaciones prácticas como participar en rituales, practicar la meditación espiritual y sumergirse en el arte y la literatura celta. Todas estas vías le empujan hacia una conexión más fuerte con los celtas y su rica cultura.

Al concluir este viaje, debe reflexionar sobre lo que ha aprendido. Y continúe su búsqueda de conocimiento y comprensión. Hay tantos aspectos y perspectivas sobre el simbolismo celta y recursos ilimitados a su alcance, así que ¿por qué no aprovechar esta oportunidad y aprender más sobre la antigua sabiduría de los celtas? Que la sabiduría de la mitología, la espiritualidad y el simbolismo celtas continúen inspirándole y empoderándole en el viaje de su vida a medida que aplica estas antiguas enseñanzas a su propia existencia; Que encuentre transformación, conexión y una comprensión más profunda de usted mismo y del mundo que le rodea.

Vea más libros escritos por Mari Silva

Su regalo gratuito

¡Gracias por descargar este libro! Si desea aprender más acerca de varios temas de espiritualidad, entonces únase a la comunidad de Mari Silva y obtenga el MP3 de meditación guiada para despertar su tercer ojo. Este MP3 de meditación guiada está diseñado para abrir y fortalecer el tercer ojo para que pueda experimentar un estado superior de conciencia.

https://livetolearn.lpages.co/mari-silva-third-eye-meditation-mp3-spanish/

¡O escanee el código QR!

Referencias

Primera Parte: Cartomancia

Caldwell, R. (2019). Brief history of cartomancy. Academia.edu. https://www.academia.edu/6477311/Brief_history_of_cartomancy

Cicero, C., & Cicero, S. T. (2011). The Essential Golden Dawn: An Introduction to High Magic. Llewellyn Publications.

Decker, R., Depaulis, T., & Dummett, M. (1996). A Wicked Pack of Cards: The Origins of the Occult Tarot. St. Martin's Press.

Decker, R., & Dummett, M. (2013). The History of the Occult Tarot. Prelude Books.

Dunn, P. (2013). Cartomancy with the Lenormand and the Tarot: Create Meaning and Gain Insight from the Cards. Llewellyn Worldwide.

DuQuette, L.M. (2003). Understanding Aleister Crowley's Thoth Tarot. Weiser Books.

Greer, M. K. (2002). Tarot for Your Self: A Workbook for Personal Transformation. New Page Books.

Huson, P. (2004). Mystical Origins of the Tarot: From Ancient Roots to Modern Usage. Destiny Books.

Katz, M., & Goodwin, T. (2011). Around the Tarot in 78 Days: A Personal Journey Through the Cards. Llewellyn Publications.

Keen. (n.d.). Playing card meanings in cartomancy. Keen Articles. Retrieved from https://www.keen.com/articles/tarot/cartomancy-card-meanings

Kliegman, S. (2011). Cartomancy with the Lenormand and the Tarot: Create Meaning & Gain Insight from the Cards. Llewellyn Publications.

Matthews, C. (2014). The Complete Lenormand Oracle Handbook: Reading the Language and Symbols of the Cards. Destiny Books.

McNutt, A., Crisan, A., & Correll, M. (2020, April). Divining insights: Visual analytics through cartomancy. In Extended Abstracts of the 2020 CHI Conference on Human Factors in Computing Systems.

Moore, J. (2012). Cartomancy – Fortune Telling With Playing Cards (Speed Learning Book 1). Kindle Edition.

Moore, B. (2012). Tarot Spreads: Layouts & Techniques to Empower Your Readings. Llewellyn Worldwide.

Nichols, S. (1980). Jung and Tarot: An archetypal journey. Weiser Books.

Pollack, R. (1997). Seventy-Eight Degrees of Wisdom: A Book of Tarot. Thorsons.

Stackpole, M. A. (2006). Cartomancy: Book Two of The Age of Discovery. Spectra.

Waite, A.E. (1910). The Pictorial Key to the Tarot. Rider & Company

Segunda Parte: Simbolismo celta

(N.d.-e). Ireland-calling.com. https://ireland-calling.com/celtic-mythology-elder-tree/

"The Kelpies": ancient myth in modern art. (n.d.). Artuk.org. https://artuk.org/learn/learning-resources/the-kelpies-ancient-myth-in-modern-art

A Celtic meditation that connects you with the earth--and the ancestors. - Beliefnet. (n.d.). Beliefnet.com. https://www.beliefnet.com/faiths/pagan-and-earth-based/2001/11/the-yew-tree-path-a-meditation.aspx

A Druid Ogham. (n.d.). A Druid Ogham. https://druidogham.wordpress.com/

Ancient Celtic Religion. (n.d.). Tutorialspoint.Com. https://www.tutorialspoint.com/ancient-celtic-religion

Asher, H. (2023, April 8). The moon as a calendar. An Darach Forest Therapy. https://silvotherapy.co.uk/articles/the-moon-as-a-calendar

Beltane. (2015, August 12). By Land, Sea, and Sky. https://thenewpagan.wordpress.com/beltane/

Bhagat, D. (n.d.). The origins and practices of: Samhain, día de los Muertos, and all saints day. Bpl.org. https://www.bpl.org/blogs/post/the-origins-and-practices-of-holidays-samhain-dia-de-los-muertos-and-all-saints-day/

Bot detection! (n.d.). Youglish.com. https://youglish.com/pronounce/yule/english/uk

Brethauer, A. (2021, April 8). Ogham Alphabet Meanings, History, and Divination For Beginners. The Peculiar Brunette. https://www.thepeculiarbrunette.com/ogham-rune-symbol-meanings-history-and-divination-for-beginners/

Brown, C. (2022, November 3). Celtic animism: How mythology can make you a more attentive traveler. Good Nature Travel Blog | Stories Are Made on Adventures; Natural Habitat Adventures. https://www.nathab.com/blog/celtic-animism-scotland/

Carr-Gomm, S. (2019, December 15). Tree meditation. Order of Bards, Ovates & Druids; OBOD. https://druidry.org/druid-way/teaching-and-practice/meditation/tree-meditation

Carr-Gomm, S. (2019, November 27). Tree lore. Order of Bards, Ovates & Druids; OBOD. https://druidry.org/druid-way/teaching-and-practice/druid-tree-lore

Carstairs, E. (2019, July 11). Ogham divination. Divination Lessons. https://divination-lessons.com/2019/07/11/ogham-divination/

Cartwright, M. (2021). Ancient Celtic religion. World History Encyclopedia. https://www.worldhistory.org/Ancient_Celtic_Religion/

Cartwright, M. (2021). Ancient Celts. World History Encyclopedia. https://www.worldhistory.org/celt/

Celtic deities. (2013, October 14). West Coast Pagan. https://westcoastpagan.com/celtic-reconstructionism/celtic-deities/

Celtic Gods. (n.d.). Mythopedia. https://mythopedia.com/topics/celtic-gods

Celtic mythology — Trees of The CloudForests —. (n.d.). Cloudforests. https://www.cloudforests.ie/trees-of-the-cloudforests/tag/celtic+mythology

Celtic Paganism History, Deities & Facts. (n.d.). Study.Com. https://study.com/academy/lesson/celtic-paganism-history-deities-facts-ancient-religion.html

Celtic Religion - what information do we really have. (n.d.). Murraystate.Edu. http://campus.murraystate.edu/academic/faculty/tsaintpaul/celtreli.html

Celtic tree calendar - my calendar land. (n.d.). Pravljice.org. https://www.pravljice.org/mycalendarland.com/calendar/yearly-calendars/celtic-tree-calendar

Celtic tree month of elder - November 25 - December 22. (n.d.). The Ethical Butcher. https://ethicalbutcher.co.uk/blogs/journal/celtic-tree-month-of-elder-november-25-december-22

Celts. (2017, November 30). HISTORY. https://www.history.com/topics/european-history/celts

Choyt, M. (n.d.). Celtic culture - April: The Alder tree. Celticjewelry.com. https://www.celticjewelry.com/celtic-culture/alder-april

Choyt, M. (n.d.). Celtic culture - Cernunnos, the antlered god of power and blessing. Celticjewelry.com. https://www.celticjewelry.com/celtic-culture/cernunnos

Cross, J. (2019, November 18). Birch Tree meaning and magick. Sanctuary Everlasting. https://www.sanctuaryeverlasting.com/birch-tree-meaning-and-magick/

Dear, R. (1999). Celtic tree calendar: Your tree sign and you. Souvenir Press.

Derrig, J. (2022, July 27). A guide to Celtic Ogham symbols and their meanings. Theirishjewelrycompany.com. https://www.theirishjewelrycompany.com/blog/post/a-guide-to-celtic-ogham-symbols-and-their-meanings

EBK: Bran Fendigaid alias Bendigeitvran, God of Regeneration. (n.d.). Earlybritishkingdoms.com. https://www.earlybritishkingdoms.com/bios/bran.html

Ede-Weaving, M. (2021, May 24). Nature and the Celtic tree calendar. Order of Bards, Ovates & Druids. https://druidry.org/resources/nature-and-the-celtic-tree-calendar

Eilenstein, H. (2018). Cernunnos: Vom Schamanen zum Druiden Merlin. Books on Demand.

Evans, Z. t. (n.d.). Top 5 trees in Celtic mythology, legend and folklore. Folklorethursday.com. https://folklorethursday.com/legends/top-5-trees-in-celtic-mythology-legend-and-folklore/

Every Hawthorn tree has a story. (n.d.). The Present Tree. https://thepresenttree.com/blogs/tree-meanings/every-hawthorn-tree-has-a-story

Fee. (2021, January 18). Older than time: The myth of the Cailleach, the great mother. Wee White Hoose; Fee. https://weewhitehoose.co.uk/study/the-cailleach/

file-uploads/sites/2147611428/video/20407-4274-e6c6-3b2c-f6acf52be077_How_To_Make_An_Ogham_Set_-_Beginners_-_Lora_O_Brien_at_the_Irish_Pagan_School.mp4. (2023, February 2).

Gardiner, B. (2021, November 19). The best guide to understanding the wheel of the year. The Outdoor Apothecary. https://www.outdoorapothecary.com/the-wheel-of-the-year/

Gardiner, B. (2022, May 10). Litha: The incredible history, lore & 20 ways to celebrate. The Outdoor Apothecary. https://www.outdoorapothecary.com/litha/

Hidalgo, S. (2019, June 17). Tree ceremonies and guided meditations for working with the summer season. Llewellyn Worldwide. https://www.llewellyn.com/journal/article/2761

Hislop, I. (2021, April 28). The Celtic Tree of Life meaning & history. ShanOre Irish Jewelry; ShanOre Irish Jewelry. https://www.shanore.com/blog/the-celtic-tree-of-life-meaning-history/

Holly: Legends, customs, and myths. (n.d.). Psu.edu. https://extension.psu.edu/holly-legends-customs-and-myths

How to pronounce ostara? (n.d.). Pronouncenames.com. https://www.pronouncenames.com/Ostara

Irish Around The World. (2019, April 11). The Green Man – an ancient Celtic symbol of rebirth. Irish Around The World. https://irisharoundtheworld.com/the-green-man/

Irish Around The World. (2022, January 19). Top 20 Irish Celtic symbols and their meanings explained. Irish Around The World. https://irisharoundtheworld.com/celtic-symbols/

Irving, J. (2012). Ogham. World History Encyclopedia. https://www.worldhistory.org/Ogham/

Isabella. (n.d.). how to read ogham staves -. WytchenCrafts.

Jay, S. (2022, November 4). 14 Yule traditions & rituals to celebrate winter solstice. Revoloon. https://revoloon.com/shanijay/yule-traditions-rituals-to-celebrate-winter-solstice

Kay, K. (2014, March 17). What's your Celtic tree sign? Find out! Yahoo Life. https://www.yahoo.com/lifestyle/tagged/health/healthy-living/whats-celtic-tree-sign-152200321.html

Kelly, A. (2011, January 7). A month-by-month guide to the Celtic tree calendar - SEE PHOTOS. Irishcentral.com. https://www.irishcentral.com/roots/a-month-by-month-guide-to-the-celtic-tree-calendar-see-photos-113064709-237735251

Khaliela. (2022, February 2). Rowan meditation. Khaliela Wright. https://khalielawright.com/rowan-meditation/

King, J. (2019). Celtic warfare. World History Encyclopedia. https://www.worldhistory.org/Celtic_Warfare/

Lang, D. (2018, August 18). Ogham as a Practice. Esoteric Moment. https://esotericmoment.com/2018/08/18/ogham-as-a-practice/

LetsGoIreland. (2022, January 5). Celtic Symbols: Your complete guide to the Origins and meanings. Let's Go Ireland. https://www.letsgoireland.com/celtic-symbols-and-meanings/

LetsGoIreland. (2022, March 15). Celtic Tree of Life: Complete Guide to the Origin and Meaning. Let's Go Ireland. https://www.letsgoireland.com/celtic-tree-of-life/

LetsGoIreland. (2023, May 18). Celtic Tree of Life tattoo meaning and significance. Let's Go Ireland. https://www.letsgoireland.com/celtic-tree-of-life-tattoo-meaning/

LibGuides: Brigid: About. (2021). https://westportlibrary.libguides.com/brigid

LibGuides: Brigid: About. (2021). https://westportlibrary.libguides.com/brigid

Loh-Hagan, V. (2020). Celtic tree astrology. 45th Parallel Press.

Lor, H. O. (2021, September 24). The Tree of Life Symbol meaning. House Of Lor | Irish Jewellery | Pure Gold from Ireland; House of Lor Jewellery. https://houseoflor.com/the-tree-of-life-symbol/

Mark, J. J. (2019). Wheel of the Year. World History Encyclopedia. https://www.worldhistory.org/Wheel_of_the_Year/

Meditation with Trees. (n.d.). Viajealasostenibilidad.org. https://viajealasostenibilidad.org/meditation-with-trees/

Miller, F. P., Vandome, A. F., & McBrewster, J. (Eds.). (2010). Imbolc. Alphascript Publishing.

Month 3: Alder Tree Meditation. (n.d.). SoundCloud. https://soundcloud.com/nicola-mcintosh-52427282/alder-meditation

Mulhern, K. (n.d.). What is the Wheel of the Year? Patheos.com. https://www.patheos.com/answers/what-is-the-wheel-of-the-year

Neal, C. F. (2015). Imbolc: Rituals, recipes and lore for Brigid's day. Llewellyn Publications.

No title. (n.d.). Com.Eg. https://www.twinkl.com.eg/teaching-wiki/celtic-knot-meanings

No title. (n.d.). Study.com. https://study.com/learn/lesson/animism-beliefs-practices-thinking.html

No title. (n.d.). Twinkl.com. https://www.twinkl.com/teaching-wiki/the-celts

No title. (n.d.-a). Study.com. https://study.com/learn/lesson/yggrasil-tree-of-life.html

No title. (n.d.-b). Com.Eg. https://www.twinkl.com.eg/teaching-wiki/celtic-knot-meanings

O'Hara, K. (2023, January 2). The Morrigan: The story of the fiercest goddess in Irish myth. The Irish Road Trip. https://www.theirishroadtrip.com/the-morrigan/

O'Hara, K. (2023, June 1). Celtic Tree of Life (Crann Bethadh) meaning. The Irish Road Trip. https://www.theirishroadtrip.com/celtic-tree-of-life-symbol/

O'Hara, K. (2023a, May 29). 15 Celtic symbols and meanings (an Irishman's 2023 guide). The Irish Road Trip. https://www.theirishroadtrip.com/celtic-symbols-and-meanings/

O'Hara, K. (2023b, June 3). Trinity knot / Triquetra symbol: Meaning + history. The Irish Road Trip. https://www.theirishroadtrip.com/the-triquetra-celtic-trinity-knot/

Ogham alphabet. (n.d.). Omniglot.com. https://omniglot.com/writing/ogham.htm

Ogham Discipline: Understanding Your Connection. (n.d.). Ogham.Academy. https://www.ogham.academy/blog/ogham-discipline

Ogham Divination in The Summerlands. (n.d.). Summerlands.Com. http://www.summerlands.com/crossroads/library/oghamdiv.htm

Ogham Meditation Ritual. (2014, September 30). Ogham Divination. https://oghamdivination.wordpress.com/what-is-ogham/ogham-meditation-ritual/

Ogham: Ireland's original alphabet. (n.d.). Shamrock Gift. https://www.shamrockgift.com/blog/ogham/

Olsen, E. (2022, June 21). 13 Celtic Tree Months –. Celebrate Pagan Holidays. https://www.celebratepaganholidays.com/general/13-celtic-tree-months

Ostara (Spring Equinox) – the wiccan calendar –. (2017, June 13). Wicca Living. https://wiccaliving.com/wiccan-calendar-ostara-spring-equinox/

Ostara / spring equinox. (2015, August 16). By Land, Sea and Sky. https://thenewpagan.wordpress.com/ostara-spring-equinox/

Pagan, W. C. (2019a, June 14). Litha / Midsummer. West Coast Pagan. https://westcoastpagan.com/2019/06/13/litha-midsummer/

Pagan, W. C. (2019b, August 14). Lughnasadh / lammas. West Coast Pagan. https://westcoastpagan.com/2019/08/13/lughnasadh-lammas/

Pagan, W. C. (2019c, September 14). Mabon / autumn equinox. West Coast Pagan. https://westcoastpagan.com/2019/09/13/mabon-autumn-equinox/

Park, G. K. (2020). animism. In Encyclopedia Britannica.

Rajchel, D. (2015). Samhain: Rituals, Recipes & Lore for Halloween. Llewellyn Publications. https://thenewpagan.wordpress.com/wheel-of-the-year/samhain/

Rhys, D. (2021, August 13). Celtic sailor's knot – what does it symbolize? Symbol Sage. https://symbolsage.com/celtic-sailors-knot/

Rhys, D. (2021, July 29). Ogham symbols and their meaning – A list. Symbol Sage. https://symbolsage.com/ogham-symbols-and-their-meaning/

Rogador, C. (2020, June 28). The Celtic Triskele: History and meaning. Ireland Travel Guides. https://irelandtravelguides.com/celtic-triskele-history-meaning/

Rogador, C. (2021, June 9). The Celtic knots (different types and meanings). Ireland Travel Guides. https://irelandtravelguides.com/celtic-knot-history/

Sempers, C. (2002a). The Celtic tree calendar. Corvus Books.

Sempers, C. (2002b). The Celtic tree calendar. Corvus Books.

Silva, T. (2022, October 12). Alder tree symbolism and meanings. Grooving Trees. https://www.groovingtrees.com/alder-tree-symbolism

Sinclair, A. (2021, December 10). Celtic Tree Astrology: Zodiac signs & birthday horoscopes. Oak Hill Gardens. https://www.oakhillgardens.com/blog/celtic-tree-astrology-zodiac-signs-birthday-horoscopes

Soul, M. M. (2019). Imbolc: Witch's Journal & Workbook. Independently Published.

Stanton, K. M. (2022, December 1). Tree of Life meaning, symbolism, and mythology. UniGuide®; Kristen M. Stanton. https://www.uniguide.com/tree-of-life

Storey, L. (2018, October 19). Know a thing or two... Trees and druid traditions. The Simple Things. https://www.thesimplethings.com/blog/know-a-thing-or-two-trees-druid-traditions

Tailtiu: Harvest goddess. (n.d.). Goddess-pages.co.uk. https://goddess-pages.co.uk/galive/issue-18-home/tailtiu-harvest-goddess/

The Cauldron in Celtic life. (n.d.). Irelandseye.com. http://www.irelandseye.com/aarticles/culture/talk/superstitions/cauldron.shtm

The Celtic wheel of the year —. (n.d.). The Path of Integrity. https://thepathofintegrity.com/celtic-wheel

The Editors of Encyclopedia Britannica. (2018). Belenus. In Encyclopedia Britannica.

The Ogham alphabet. (n.d.). Ogham.Ie. https://ogham.ie/history/ogham-alphabet/

The Sacred Fire - Ancient Celtic Cosmology. (n.d.). Sacredfire.Net. https://www.sacredfire.net/cosmology.html

The Sacredness of Nature. (2012, March 22). The Druid Network.

The Song of Amergin: Modern English translation. (n.d.). Thehypertexts.com. http://www.thehypertexts.com/Song%20of%20Amergin%20Modern%20English%20Translation.htm

The tree meditation. (2013, May 2). The Druid Network.

The Tree of Life - an ancient Celtic symbol. (2021, September 26). Irish Urns. https://irishurns.com/the-tree-of-life-an-ancient-celtic-symbol/

Top 30+ Celtic symbols and their meanings (updated monthly). (n.d.). 1000logos.net. https://1000logos.net/top-30-celtic-symbols-and-their-meaning/

Traditions, I. (2016, July 24). Irish Traditions: The Celtic Tree of Life. Irish Traditions - A Tipperary Store; Irish Traditions. https://irishtraditionsonline.com/celtic-tree-of-life/

Tree of Life symbol: This image appears in many Irish expressions! (n.d.). Irish Expressions. https://www.irish-expressions.com/tree-of-life-symbol.html

We'Moon. (n.d.). Beltane rituals and traditions. We'Moon. https://wemoon.ws/blogs/pagan-holiday-traditions/beltane

What's your tree sign according to Celtic tree astrology. (2015, September 23). Fantastic Gardeners Blog. https://blog.fantasticgardeners.co.uk/whats-your-tree-sign-according-to-celtic-tree-astrology/

Wheel of the Year. (2013, June 22). The Celtic Journey. https://thecelticjourney.wordpress.com/the-celts/wheel-of-the-year/

Who were the Celts? (n.d.). Twinkl. https://www.twinkl.com/teaching-wiki/the-celts

Who were the Druids? (2017, March 21). Historic UK. https://www.historic-uk.com/HistoryUK/HistoryofWales/Druids/

Wigington, P. (2008, June 2). The Celtic Ogham Symbols. Learn Religions. https://www.learnreligions.com/ogham-symbol-gallery-4123029

Wigington, P. (2008, June 2). The Celtic Ogham Symbols. Learn Religions. https://www.learnreligions.com/ogham-symbol-gallery-4123029

Wigington, P. (2011, September 18). Get to know the magic of the Celtic tree calendar. Learn Religions. https://www.learnreligions.com/celtic-tree-months-2562403

Wigington, P. (2014a, March 19). Beltane Rites and Rituals. Learn Religions. https://www.learnreligions.com/beltane-rites-and-rituals-2561678

Wigington, P. (2014b, June 21). Rites, rituals, and ways to celebrate Mabon, the autumn equinox. Learn Religions. https://www.learnreligions.com/mabon-rites-and-rituals-2562284

Will the real Lúnasa / Lughnasa / lughnasadh please stand up? (2010, August 1). Irish Language Blog | Language and Culture of the Irish-Speaking World; Irish Language Blog. https://blogs.transparent.com/irish/will-the-real-lunasa-lughnasa-lughnasadh-please-stand-up/

Williams, S. (2014, May 10). Celtic zodiac: Vine tree. Sun Signs. https://www.sunsigns.org/celtic-astrology-vine-tree/

Yule / Midwinter. (2015, August 27). By Land, Sea and Sky. https://thenewpagan.wordpress.com/wheel-of-the-year/yule-midwinter

Fuentes de imágenes

1 https://unsplash.com/photos/7s2ip7OVktg

2 Asimzb Editado por Jfitch, CC BY 3.0 <https://creativecommons.org/licenses/by/3.0>, vía Wikimedia Commons: https://commons.wikimedia.org/wiki/File:Playing_cards-Edit1.jpg

3 Foto de Esteban López en Unsplash, https://unsplash.com/fr/photos/carte-a-jouer-dame-de-pique-OfdFHy1zxjQ?utm_content=creditCopyText&utm_medium=referral&utm_source=unsplash

4 https://commons.wikimedia.org/wiki/File:1890_German_Lenormand_card.jpg

5 Tcg8888, CC BY-SA 4.0 <https://creativecommons.org/licenses/by-sa/4.0>, vía Wikimedia Commons: https://commons.wikimedia.org/wiki/File:Kipper_Cards.jpg

6 https://unsplash.com/photos/_MuYSOlPcWc

7 https://unsplash.com/photos/QdmMWxQXJ2Y

8 WolfgangRieger, CC0, vía Wikimedia Commons: https://commons.wikimedia.org/wiki/File:3-Card-Spread.svg

9 WolfgangRieger, CC0, vía Wikimedia Commons: https://commons.wikimedia.org/wiki/File:Celtic_Cross_Spread_-_Waite.svg

10 https://unsplash.com/photos/dttmeqFUDSU

11 https://unsplash.com/photos/GK8FMN7xJXQ?utm_source=unsplash&utm_medium=referral&utm_content=creditShareLink

12 Hutpas://commons.wikimedia.org/wiki/file:print,_playing-card_(bm_1982,U.4598.1-78_09).jpg

13 Hatps://unsplash.com/photos/j5itdu55fi

14 https://commons.wikimedia.org/wiki/file:Rus_Tarot_10_wheel_of_fortune.jpg

15 Museo de Róterdam, CC BY-SA 3.0 <https://creativecommons.org/licenses/by-sa/3.0>, vía Wikimedia Commons: https://commons.wikimedia.org/wiki/File:Spel_handgeschreven_kaarten_met_spreuken,_objectnr_32256.JPG

16 OxYm3rioN, CC BY-SA 4.0 <https://creativecommons.org/licenses/by-sa/4.0>, vía Wikimedia Commons: https://commons.wikimedia.org/wiki/File:Celts_in_Europe-fr.png

17 https://unsplash.com/photos/axYekjy6Kn4

18 https://commons.wikimedia.org/wiki/File:Awen_symbol_final.svg

19 Imbolc.cerddwr, CC BY-SA 3.0 <https://creativecommons.org/licenses/by-sa/3.0>, vía Wikimedia Commons: https://commons.wikimedia.org/wiki/File:Wheel_of_the_year.png

20 Culnacreann, CC BY 3.0 <https://creativecommons.org/licenses/by/3.0>, vía Wikimedia Commons: https://commons.wikimedia.org/wiki/File:Saint_Brigid%27s_cross.jpg

21 Jpbowen en la Wikipedia en inglés, CC BY-SA 3.0 <http://creativecommons.org/licenses/by-sa/3.0/>, vía Wikimedia Commons: https://commons.wikimedia.org/wiki/File:Bowen_knot.jpg

22 https://commons.wikimedia.org/wiki/File:Triskele-Symbol-spiral-five-thirds-turns.svg

23 Otourly, CC BY-SA 3.0 <https://creativecommons.org/licenses/by-sa/3.0>, vía Wikimedia Commons: https://commons.wikimedia.org/wiki/File:Horned-God-Symbol.svg

24 https://commons.wikimedia.org/wiki/File:Trefoil-triquetra-circular-arcs-around-triangle_(sólido).svg

25 Madboy74, CC BY-SA 4.0 <https://creativecommons.org/licenses/by-sa/4.0>, vía Wikimedia Commons: https://commons.wikimedia.org/wiki/File:Coa_Illustration_Cross_Carolingian.svg

26 Shii (Oficial de Comunicaciones, Druidas Reformados de Carleton College), CC0, vía Wikimedia Commons: https://commons.wikimedia.org/wiki/File:Reformed_Druids.svg

27 AnonMoos (la conversión inicial SVG de la fuente PostScript por parte de Anon-Moos fue realizada por Indolences), dominio público, a través de Wikimedia Commons: https://commons.wikimedia.org/wiki/File:Triquetra-circle-interlaced.svg

28 https://cdn4.vectorstock.com/i/1000x1000/76/93/quaternary-celtic-knot-symbol-choosing-the-right-vector-40797693.jpg

29 https://unsplash.com/photos/vUNQaTtZeOo?utm_source=unsplash&utm_medium=referral&utm_content=creditShareLink

30 https://unsplash.com/photos/oSaq0J4zGE0?utm_source=unsplash&utm_medium=referral&utm_content=creditShareLink

31 https://unsplash.com/photos/white-and-brown-cattle--imXaftIwlc

32 https://www.pexels.com/photo/smoke-coming-from-iron-cauldron-16010709/

33 https://commons.wikimedia.org/wiki/File:Celtic_cross.svg

34 Miguel Méndez de Malahide, Irlanda, CC BY 2.0 <https://creativecommons.org/licenses/by/2.0>, vía Wikimedia Commons: https://commons.wikimedia.org/wiki/File:Claddagh_ring_(7061237901).jpg

35 https://unsplash.com/photos/FGkNt8tO04I?utm_source=unsplash&utm_medium=referral&utm_content=creditShareLink

36 Rosser1954, CC BY-SA 4.0 <https://creativecommons.org/licenses/by-sa/4.0>, vía Wikimedia Commons: https://commons.wikimedia.org/wiki/File:Green_Man_water_feature.jpg

37 https://unsplash.com/photos/NumcxeDrWUQ?utm_source=unsplash&utm_medium=referral&utm_content=creditShareLink

38 imagen rasterizada original y código fuente PostScript vectorial de AnonMoos, vectorización inicial de Erin Silversmith, dominio público, a través de Wikimedia Commons: https://commons.wikimedia.org/wiki/File:Triquetra-Double.svg

39 Madboy74, CC BY-SA 4.0 <https://creativecommons.org/licenses/by-sa/4.0>, vía Wikimedia Commons: https://commons.wikimedia.org/wiki/File:Coa_Illustration_Taranis_Wheel.svg

40 Símbolos ilustrados por Jasmina El Bouamraoui y Karabo Poppy Moletsane, CC0, vía Wikimedia Commons: https://commons.wikimedia.org/wiki/File:Wikipedia20_background_Lunar_cycle.jpg

41 https://commons.wikimedia.org/wiki/File:Ogham_Key_Anderson_1881b_Fig_133_scotlandinearlyc00anderich_0254.jpg

42 https://commons.wikimedia.org/wiki/File:Ogham_letter_beith.svg

43 https://commons.wikimedia.org/wiki/File:Ogham_letter_luis.svg

44 https://commons.wikimedia.org/wiki/File:Ogham_letter_fearn.svg

45 https://commons.wikimedia.org/wiki/File:Ogham_letter_sail.svg

46 https://commons.wikimedia.org/wiki/File:Ogham_letter_nion.svg

47 https://commons.wikimedia.org/wiki/File:Ogham_letter_uath.svg

48 https://commons.wikimedia.org/wiki/File:Ogham_letter_dair.svg

49 https://commons.wikimedia.org/wiki/File:Ogham_letter_tinne.svg

50 https://commons.wikimedia.org/wiki/File:Ogham_letter_coll.svg

51 https://commons.wikimedia.org/wiki/File:Ogham_letter_ceirt.svg

52 https://commons.wikimedia.org/wiki/File:Ogham_letter_muin.svg

53 https://commons.wikimedia.org/wiki/File:Ogham_letter_gort.svg

54 https://commons.wikimedia.org/wiki/File:Ogham_letter_ngeadal.svg

55 https://commons.wikimedia.org/wiki/File:Ogham_letter_straif.svg

56 https://commons.wikimedia.org/wiki/File:Ogham_letter_ruis.svg

57 https://commons.wikimedia.org/wiki/File:Ogham_letter_ailm.svg

58 https://commons.wikimedia.org/wiki/File:Ogham_letter_onn.svg

59 https://commons.wikimedia.org/wiki/File:Ogham_letter_ur.svg

60 https://commons.wikimedia.org/wiki/File:Ogham_letter_eadhadh.svg

61 https://commons.wikimedia.org/wiki/File:Ogham_letter_iodhadh.svg

62 https://commons.wikimedia.org/wiki/File:Wheel_of_the_Year.svg

63 Art Gongs, CC BY-SA 4.0 <https://creativecommons.org/licenses/by-sa/4.0>, vía Wikimedia Commons: https://commons.wikimedia.org/wiki/File:Celtic_Tree_Of_Life_Art_Gong.jpg

64 https://www.pexels.com/photo/anonymous-person-standing-on-footpath-in-autumn-6272345/

65 https://www.pexels.com/photo/anonymous-female-soothsayers-with-crystal-ball-and-tarot-card-during-divination-session-6944350/

66 Thomas Nordwest, CC BY-SA 4.0 <https://creativecommons.org/licenses/by-sa/4.0>, vía Wikimedia Commons: https://commons.wikimedia.org/wiki/File:Buddha_in_Meditation_2023-05-11-22.jpg